主　审　张文光　夏祥霖　任延东

主　编　邓桂兰　李　宁

副主编　杭志荣　任智英　张臻臻

兰州大学出版社

CAIKUAIFAGUI YU KUAIJI ZHIYEDAODEXIUYANG JIAOCHENG

财会法规与会计职业道德修养教程

zhongdengzhiyejiaoyu

图书在版编目(CIP)数据

财会法规与会计职业道德修养教程/邓桂兰,李宁主编. —
兰州:兰州大学出版社,2013.2(2017.7重印)
ISBN 978-7-311-04064-2

Ⅰ.①财… Ⅱ.①邓… ②李… Ⅲ.①财政法—中国—教材
②会计法—中国—教材 ③会计人员—职业道德—中国—教材
Ⅳ.①D922.2 ②F233.2

中国版本图书馆 CIP 数据核字(2013)第 038633 号

责任编辑　王颢瑾
封面设计　张友乾

书　　名	财会法规与会计职业道德修养教程
作　　者	邓桂兰　李　宁　主编
出版发行	兰州大学出版社　(地址:兰州市天水南路 222 号　730000)
电　　话	0931-8912613(总编办公室)　0931-8617156(营销中心)
	0931-8914298(读者服务部)
网　　址	http://www.onbook.com.cn
电子信箱	press@lzu.edu.cn
印　　刷	虎彩印艺股份有限公司
开　　本	787 mm×1092 mm　1/16
印　　张	11.5
字　　数	258 千
版　　次	2013 年 2 月第 1 版
印　　次	2017 年 7 月第 2 次印刷
书　　号	ISBN 978-7-311-04064-2
定　　价	26.00 元

(图书若有破损、缺页、掉页可随时与本社联系)

序

　　随着我国教育改革的不断深化,尤其是社会与经济高速发展的今天,由于新经济环境下对人才需求层次多样化的客观要求,使得我国的中等职业教育得到了迅速的发展。中等职业教育经历了由专业教育向职业教育的转化,其办学模式、培养目标、人才模式等也都发生了相应变化,而人才培养模式的转换必须通过教学内容和教学方式等途径来实现。因此,作为教学内容载体的教材建设,其定位的基础必须是中职教育培养目标。

　　《中等职业教育大纲》规定,中等职业教育培养目标是使受教育者成为具备某一职业和工作岗位所需要的职业基础知识和技术能力,以及德、智、体全面发展的中初级应用型、技术型人才。对照这一培养目标,立足"以就业为目标,以市场为导向,以服务为宗旨"的出发点,考虑到目前中职教育对象的素质特征,我们目前所使用的中职教材,大多数仍是按照过去中职或高职培养专业人才的结构和体系,过于追求学科体系的系统性和完整性,职业教育特点不突出,滞后于时代的发展、市场的需求。

　　基于对上述客观要求的理性思考,中职学校的教学应更加符合市场对中职人才的要求,以"实用、适用、够用、可教"为原则,根据就业岗位的工作思路,从通识、原理、职能到方法,使学生易于理解、掌握和实践,即"能力目标—技能训练—学生主体",培养出有能力、有技术、有责任的学生,实现专业教学与学生就业岗位零距离的目标。

　　一套有强大生命力的教材,应该以满足读者的需要为宗旨,不断适应环境的变化。本系列教材、实训教程及习题,是在吸收财会理论界近年来所取得的一些理论成果的基础上,借鉴了同类教材的先进经验,组织了长期在教学一线工作并有着丰富教学经验的教师编写而成,是职业教育课程教学改革的重要成果。该系列教材汇集了几代学人的智慧结晶,教材中所列的教学案例,阐述的观点方法,既是教研成果,又是实践积累,并经过实践证实具有明显的教学效果。

　　教材编写是一项复杂而又细致的工作,我们仍需要不断探索、不断总结、不断完善。由于时间急促、水平有限,教材中难免存在疏漏甚至错误,尚祈赐教,同时对各位作者和出版社的辛勤劳动深表谢意。

成果的展示,是"智慧之晶"的丰收,更是开启"思想之光"的新开端,未有穷尽,我们将不断努力,勇于拼搏,为中等职业教育的发展做出贡献!

2013年3月

序文作者张文光为中国注册会计师 、高级审计师、包头财经信息职业学校校长。

前　言

　　随着我国经济的高速发展,中职会计教育的结构及内容也随之发生了深刻的变化,其办学模式、培养目标和教育对象也都发生了相应变化。中职教育的主要目标是培养社会需求的、就业时"不需再培训就能直接上岗操作"的会计技能型人才,而传统教材大多偏重理论,职业技能特点不突出,应用性不能与实际很好对接,不符合中职生的认知特点。为此,我们组织具有丰富教学经验的教师,从重"技能性教学"入手,结合新会计准则的精要,同时考虑了中职会计教育对口用人单位的需求,编写了中等职业教育会计专业核心课系列教材。

　　本教程结合多年会计教学经验,按照中职教育的目标定位,在充分考虑中职学生素质特征的基础上,以会计法、会计行政法规和国家统一的会计制度为基础,以教材大纲为蓝本,以教学内容的重点、难点、疑点为主线编写而成,较为系统、全面地阐述了会计人员在日常工作中所要遵守的财会法规和应当具备的职业道德修养。主要具有如下特点:

　　在内容安排上特色鲜明,针对性强。该教程注重会计专业学科与法规的关系,详略得当,在联系会计知识的同时,更注重对法规的指导与应用,融入部分财务基础知识,以增强学生职业处理能力。

　　在结构上注重理论联系实际。专业学习和实际工作需要紧密结合,以"必需、够用、可教、胜任"为原则,对每部分内容都尽可能地通过会计处理流程中的实例加以说明,以期培养出新经济环境下有能力、有技术、懂法、守法、有责任心的学生。

　　本教程在编写时,注意结合学生学习的实际,深入浅出,讲解详细,简明易懂,对于理论性、专业性较强的文字表述内容,适当地增加了图和表,使这些内容更为形象、直观,便于学生自学,提高学生分析问题和解决问题的能力。

　　全书具有较好的配套性。为使学生能更好地掌握教学内容,每章设有"目标透视"、"学习内容及要求",以帮助学生在学习之前了解每章的主要内容。以"重点、难点、疑点解读"为主线贯穿全书,为学生详细讲解具体内容。正文中穿插"边解边读",对相关知识点进行阐述并作适当的延伸,注重拓展性。学完一章后,都有一个"知识结构网络图",用以帮助学生总结所学内容。为了便于学生巩固学习成果,本书按学习内容配备了"范例探究",并为全书配备了"各个击破 全真演练"的习题章节。

本教材适用于中等职业学校财经类专业的教学,也可作为企业会计人员继续教育的教材及广大财经干部的自学工具。

全书共五章,内容涉及会计法律制度、支付结算法律制度、税收法律制度、财政法律制度、职业道德教育与修养。

本教材由邓桂兰、李宁任主编,负责全书整体结构的设计、文字编写、案例设计和统稿工作。由杭志荣、任智英、张臻臻任副主编,负责文字资料编写和案例资源的具体设计。张文光、夏祥霖、任延东审阅了全部书稿。

尽管我们在中职会计教材建设中作出了不懈努力,但是由于中职教育尚处于发展的不平衡时期,教材建设还处于探索阶段,不妥之处在所难免,恳请广大读者在使用本教材时多提宝贵意见并及时反馈给我们,以便再版时修订。

编　者

2013年3月

目录

上 篇

基础学习　夯实理论

第一章　会计法律制度

【目标透视】

　　本章为《财会法规与会计职业道德修养教程》这门课的重点章节,是对即将走向会计岗位的学生进行的职业生涯指导,具有重要意义。通过本章的学习,使学生了解会计法律制度的构成、会计工作管理体制、会计结构与会计人员、会计核算及会计监督的有关内容,掌握会计机构的设置、会计人员从业资格及专业技术职务取得的条件及要求、会计核算的内容与办法、会计监督的体系及方法等。

【学习要点及要求】

　　(一)会计法律制度的构成(了解)

　　(二)会计工作管理体制(理解)

　　(三)会计核算的相关知识(会用)

　　(四)会计监督的内容(掌握)

　　(五)会计机构和会计人员(掌握)

　　(六)法律责任(理解)

第一节　会计法律制度的构成

【重点、难点、疑点解读及范例探究】

一、会计法律制度的概念

　　会计法律制度是指国家权力机关和行政机关制定的各种有关会计工作的法律、法规、规章和规范性文件的总称。它是调整会计关系的法律规范,包括会计法律、会计行政法规和国家统一的会计制度。

范例探究 1·判断题

会计法律制度指的就是《中华人民共和国会计法》。（　　　）

[答案]　×

[解析]　本题考查学生对会计法律制度概念的认识。《中华人民共和国会计法》只是各种会计关系的规范性文件中的代表之一，此说法过于片面。

二、会计与会计关系

（一）会计

会计是以货币为主要计量单位，采用一系列专门的方法和程序，对一个单位(包括企业、事业、机关、团体等组织)的经济交易或事项进行连续、系统、综合的核算和监督，提供经济信息，参与预测决策的一项经济管理工作。

（二）会计的基本职能

会计的基本职能包括会计核算、会计监督两个方面。

1. 会计核算是指会计以货币作为主要计量单位，通过记账、算账、报账为有关各方面提供会计信息的功能。会计核算是会计最基本的职能。记账是指采用会计特有的方法，将企业发生的经济业务进行记录。算账是指企业对企业的盈亏、成本等进行计算。报账是指将记录下来的信息以财务报告的形式提供给有关方面。

2. 会计监督是指在进行会计核算的同时，会计对经济活动的合法性、合理性进行审查的职能。会计监督包括内部监督和外部监督。

会计的两项基本职能相辅相成。会计核算是会计监督的基础，为会计监督提供信息依据。会计监督又是会计核算的有力保障，保证核算所提供的信息的真实性、可靠性，从而提高会计信息的质量。

（三）会计关系

会计关系是指会计机构和会计人员在办理会计事务过程中以及国家在管理会计工作过程中发生的经济关系。一个单位的经济活动不可能是孤立进行的，必须与方方面面发生直接或间接的联系，会计如何处理各种经济关系，不仅对本单位的财务收支、利益分配等产生影响，而且还会对国家、其他经济组织、职工个人产生影响。为了保证会计工作的有序进行，国家通过制定一系列会计法律制度来调整和规范各种会计关系。

三、会计法律制度的构成

目前，我国会计法律制度的构成主要包括三个层次：会计法律、会计行政法规、国家统一的会计制度。

（一）会计法律——表现形式一般为《×××法》(典型代表：《会计法》《注册会计师法》)

会计法律是指由全国人民代表大会及其常委会(国家最高权力机关)经过一定立法程序制定的有关会计工作的法律，是调整我国经济生活中会计关系的法律总规范。

我国目前有两部会计法律，即《中华人民共和国会计法》(简称《会计法》)和《中国注册会计师法》(简称《注册会计师法》)。

【边解边读】

(知识点1)1999年10月31日第九届全国人大常委会第十二次会议修订通过的《会计法》,是会计法律制度中层次最高的法律规范,是制定其他会计法规的依据,也是指导会计工作的最高准则。

(知识点2)1993年10月31日第八届全国人大常委员会第四次会议通过了《中国注册会计师法》。《注册会计师法》是注册会计师及其行业行为规范的最高准则。

(二)会计行政法规——表现形式一般为《×××条例》(典型代表:《总会计师条例》《企业财务会计报告条例》)

1. 会计行政法规是指由国务院制定并发布,或者由国务院有关部门拟定,经国务院批准发布,用于调整经济生活中某些方面会计关系的法律规范。

2. 会计行政法规是依据《会计法》制定的。

3. 会计行政法规包括国务院发布的《总会计师条例》和《企业财务会计报告条例》等。

(三)国家统一的会计制度——表现形式一般为《×××办法》《×××准则》《×××制度》《×××规范》

国家统一的会计制度是指国务院财政部门根据《会计法》制定的关于会计核算、会计监督、会计机构和会计人员以及会计工作管理的制度,包括部门规章和规范性文件。

范例探究2·判断题

国家统一的会计制度,是指国务院财政部门根据《会计法》制定的关于会计核算、会计监督、会计机构和会计人员以及会计工作管理的制度。(   )

[答案] √

[解析] 本题考查学生两方面的知识:一方面考查学生对会计法律制度的认识,另一方面考查学生对国家统一的会计制度概念的认识。《会计法》是制定其他会计法律法规的依据。国家统一的会计制度,是指国务院财政部门根据《会计法》制定的关于会计核算、会计监督、会计机构和会计人员以及会计工作管理的制度,包括部门规章和规范性文件。

1. 会计部门规章——表现形式一般为《×××办法》《×××准则》(典型代表:《会计从业资格管理办法》和《企业会计准则——基本准则》)

会计部门规章是根据《立法法》规定的程序,由财政部制定,并由部门首长签署命令予以公布的制度办法,如《会计从业资格管理办法》和《企业会计准则——基本准则》等。

2. 会计规范性文件——表现形式一般为《×××制度》《×××规范》(典型代表:《企业会计制度》《金融企业会计制度》《小企业会计制度》《会计基础工作规范》《会计档案管理办法》)

会计规范性文件是指主管全国会计工作的行政部门,即国务院财政部门制定发布的制度办法,如企业会计准则体系中的38项具体准则及应用指南,《企业会计制度》《金融企业会计制度》《小企业会计制度》《会计基础工作规范》以及财政部与国家档案局联合发布的《会计档案管理办法》等。

【边解边读】

(知识点1)《企业会计制度》适用于除小企业和金融保险企业之外的、在中国境内设立的所有企业。

(知识点2)《小企业会计制度》适用于在中国境内设立的、不对外筹集资金、经营规模较小的企业,即不公开发行股票或债券、符合《中小型企业标准暂行规定》中界定的小企业,不包括以个人独资、合伙形式设立的小企业。

(知识点3)《会计基础工作规范》适用于国家机关、社会团体、企业、事业单位、个体工商户和其他组织的会计基础工作。

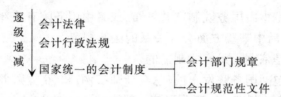

会计法律制度的构成内容

内　容	立法者(制定机关)		渊源(主要表现形式)
会计法	全国人大及其常委会		《会计法》 《注册会计师法》
会计行政法规	国务院制定(或者国务院有关部门拟定,经国务院批准发布)		《总会计师条例》 《企业财务会计报告条例》
国家统一的会计制度	会计部门规章	财政部门(部长)	《财政部门实施会计监督办法》 《会计从业资格管理办法》 《企业会计准则》
	会计规范性文件	财政部门(部门)	《企业会计制度》 《会计基础工作规范》 《会计档案管理办法》

范例探究3·单选题

下列各项中,属于国家统一的会计制度的是(　　　)。

A.《会计法》　　　　　　　　　　B.《企业财务会计报告条例》

C.《总会计师条例》　　　　　　　D.《会计基础工作规范》

[答案] D

[解析] 本题考查国家统一的会计制度的范围。国家统一的会计制度,是指国务院财政部门根据《会计法》制定的关于会计核算、会计监督、会计机构和会计人员以及会计工作管理的制度,具体包括《会计从业资格管理办法》《企业会计准则——基本准则》《企

业会计制度》《金融企业会计制度》《小企业会计制度》《会计基础工作规范》《会计档案管理办法》等。选项 A 是会计法律,选项 B、C 是会计行政法规。

范例探究 4·单选题

下列各项中,属于会计行政法规的是( )。

A.《会计法》　　　　　　　　B.《企业财务会计报告条例》

C.《财务部门实施会计监督办法》　　D.《企业会计制度》

[答案]　B

[解析]　本题考查会计行政法规的范围。会计行政法规,是指由国务院制定并发布,或者由国务院有关部门拟定,经国务院批准发布,用于调整经济生活中某些方面会计关系的法律规范。主要有国务院发布的《总会计师条例》和《企业财务会计报告条例》。

第二节　会计工作管理体制

【重点、难点、疑点解读及范例探究】

会计工作管理体制是划分会计管理工作职责权限关系的制度,包括会计工作管理组织形式、管理权限划分、管理机构设置等内容。为了规范会计工作,保证会计工作在经济管理中发挥作用,我国会计工作管理体制主要包括:会计工作的行政管理、会计工作的自律管理、单位会计工作管理。

一、会计工作的行政管理

(一)会计工作行政管理的主管部门

《会计法》规定:"国务院财政部门主管全国的会计工作。县级(区级)以上地方各级人民政府财政部门管理本行政区域内的会计工作。"即实行"统一领导,分级管理"的管理模式。

(二)会计工作的监管

对会计工作的监管,除了发挥财政部门的作用外,还要发挥其他管理部门的作用。会计工作是一项社会经济管理活动, 会计资料是一种社会资源。政府管理部门在履行管理职能时,都会涉及有关单位的会计事务和会计资料,法律赋予了政府有关管理部门监督检查相关会计事务、会计资料的权力。《会计法》规定:"财政、审计、税务、人民银行、证券监管、保险监管等部门应当依照有关法律、行政法规规定的职责,对有关单位的会计资料实施监督检查。"这一规定体现了财政部门与其他政府管理部门在管理会计事务中相互协作、相互配合的关系。

【边解边读】

(知识点)《会计法》规定,由财政部"主管"全国的会计工作,而不是"管理"会计工作,说明会计工作的管理不仅只是财政部门的事,其他相关政府管理部门也应当在各自的职责范围内发挥作用,参与对会计工作的管理。

(三)财政部门履行的会计行政管理职能

1. 会计准则制度及相关标准规范的制定和组织实施

(1)国家统一的会计制度,由国务院财政部门根据《会计法》制定并公布;

(2)国务院有关部门对有特殊要求的行业(如会计核算和会计监督),可以依照《会计法》和国家统一的会计制度,制定实施(国家统一的会计制度)的具体办法或者补充规定,报国务院财政部门审核批准;

(3)中国人民解放军总后勤部可以依照《会计法》和国家统一的会计制度,制定军队实施(国家统一的会计制度)的具体办法,报国务院财政部门备案。

2. 会计市场(会计资源市场)管理

我国财政部门对会计市场的管理主要包括:

(1)会计市场的准入管理;

(2)会计市场的运行管理;

(3)会计市场的退出管理。

会计市场的准入管理是指财政部门对会计从业资格的取得,代理记账机构的设立,注册会计师资格的取得以及注册会计师事务所的设立等所进行的审查和管理。这是对会计机构、会计人员从事会计工作的准入要求,由我国县级(区级)以上财政部门进行管理。

会计市场的运行管理是指财政部门对获准进入会计市场的机构和人员,遵守各项法律法规,依据相关准则、制度和规范执行业务的过程及结果所进行的监督和检查。

【边解边读】

(知识点1)对于获准进入会计市场的机构和人员是否持续符合相关的资格和条件,也属于会计市场运行管理的范畴。

(知识点2)会计培训市场的管理属于会计市场管理的范畴。

会计市场的退出管理是指财政部门对执业过程中有违反《会计法》《注册会计师法》行为的机构和会计人员进行处罚;情节严重的,吊销其执业资格,强制其退出会计市场。

3. 会计专业人才评价

(1)会计人才是国家人才战略的重要组成部分,选拔、评价会计人才是财政部门的重要职责。目前,我国基本形成了阶梯式的会计专业人才评价机制,包括初级、中级、高级会计人才评价机制和会计领军人才的培养、评价。

会计专业技术资格考试是会计人才评价的一种方式,主要用于对初级、中级、高级会计人才的评价。会计专业技术资格考试(包括初级、中级、高级的会计专业资格全国统一考试)由财政部门发挥其职能,并组织实施(如出试题、判试卷、出成绩等),人力资源和社会保障部门监督指导(如印制证书等)。

(2)对先进会计工作者的表彰,属于会计人才评价的范畴。《会计法》明确规定,对认真执行《会计法》,忠于职守,坚持原则,做出显著成绩的会计人员,给予精神的或物质的奖励。对获得全国先进会计工作者荣誉称号的人员,由财政部颁发荣誉证书。

【边解边读】

(知识点 1)我国会计专业人才评价发展历程的三个阶段:

(1)会计干部技术职称评定(1978~1983 年);

(2)会计专业职务聘任(1986~1988 年);

(3)会计专业技术资格考试(1992 年至今)

(知识点 2)财政部和地方财政部门对先进会计工作者的表彰奖励,属于会计人才评价范畴。

(3)为不断提高会计人员的专业胜任能力,促进整体素质的提高,我国规定会计人员应当参加继续教育。

4. 会计监督检查

财政部门是《会计法》的执法主体,是对会计工作进行政府监督的主体。

会计监督检查是财政部门管理会计工作的重要职能,市场经济越发展,会计监督越需要加强。财政部门对会计市场的监督检查主要包括对会计信息质量的检查和会计事务所执业质量的检查,行使会计工作的监督权和行政处罚权。

《会计法》规定,除财政部门外,审计、税务、人民银行、证券监管、保险监管等部门,依照有关法律、行政法规规定的职责和权限,可以对有关单位的会计资料实施监督检查。例如,《税收征收管理法》规定,税务机关有权检查纳税人的账簿、记账凭证、报表和有关资料。

此外,财政部门还应依法加强对会计行业的自律组织的监督、指导。

范例探究 1·单选题

根据《会计法》的规定,主管全国会计工作的政府部门是( )。

A.国家税务总局   B.审计署

C.财政部   D.商务部

[答案] C

[解析] 本题考查主管全国会计工作的部门。根据《会计法》的规定,国务院财政部门主管全国会计工作。

二、会计工作的自律管理

(一)中国注册会计师协会

注册会计师协会是由注册会计师组成的社会团体。中国注册会计师协会是注册会计师的全国组织,省、自治区、直辖市注册会计师协会是中国注册会计师协会的地方组织。

【边解边读】

(知识点)中国注册会计师协会最高权力机构为全国会员代表大会,全国会员代表大会选举产生理事会。

注册会计师协会在自律管理中的主要职责:

1. 审批和管理本会会员,指导地方注册会计师协会办理注册会计师注册;

2. 拟订注册会计师执业准则、规则,监督、检查实施情况;

3. 组织对注册会计师的任职资格、注册会计师和会计师事务所的执业情况进行年度检查;

4. 制定行业自律管理规范,对违反行业自律管理规范的行为予以惩戒;

5. 组织实施注册会计师全国统一考试;

6. 组织和推动会员培训工作;

7. 组织业务交流,开展理论研究,提供技术支持;

8. 开展注册会计师行业宣传;

9. 协调行业内部、外部关系,支持会员依法执业,维护会员合法权益;

10. 代表中国注册会计师行业开展国际交往活动;

11. 指导地方注册会计师协会工作;

12. 办理法律、行政法规规定和国家机关委托或授权的其他有关工作。

(二)中国会计学会

中国会计学会是由全国会计领域各类组织及个人自愿结成的学术性、专业性、非营利性社会组织,是联系政府机构、工商界和学术界的桥梁和纽带,是会计精英就财务会计改革与实践进行交流的高层次平台,为会员提供知识碰撞、经验交流、人脉拓展的平台。中国会计学会接受财政部和民政部的业务指导、监督及管理。

中国会计学会的业务范围:

1. 组织、协调全国会计科研力量,开展会计理论研究和学术交流,促进科研成果的推广和运用;

2. 总结我国会计工作和会计教育经验,研究和推动会计专业的教育改革;

3. 编辑出版会计刊物、专著、资料,主办有《会计研究》会刊及《会计最新动态》《会计研究动态》等电子期刊;

4. 发挥学会的智力优势,开展多层次、多形式的智力服务工作,包括组织开展中高级会计人员培养、会计培训和会计咨询与服务等;

5. 开展会计领域国际学术交流与合作;

6. 发挥学会联系政府与会员的桥梁和纽带作用,接受政府和其他单位委托,组织开展有关工作;

7. 其他符合学会宗旨的业务活动。

范例探究2·多选题

下列属于会计工作自律管理的有( )。

A.中国注册会计师协会组织实施注册会计师全国统一考试

B.中国会计学会编辑出版会计刊物、专著、资料

C.某大学开设会计专业学习

D.小张在家自学会计专业知识

[答案]　A　B

[解析]　本题考查会计工作自律管理的内容。

三、单位会计工作管理

(一)单位负责人要组织管理本单位的会计工作

1.单位负责人是指法定代表人或者法律、行政法规规定代表单位行使职权的主要负责人,是本单位会计行为的责任主体,即法定代表人,也称为法人代表。

2.单位负责人负责单位内部的会计工作管理,应当保证会计机构、会计人员依法履行职责,不得授意、指使、强令会计机构(如代理记账机构)和会计人员伪造、变造会计凭证、会计账簿和其他会计资料,提供虚假财务会计报告。对本单位的会计工作和会计资料的真实性、完整性负责。不得对依法履行职责、抵制违反法律法规行为的会计人员实行打击报复。

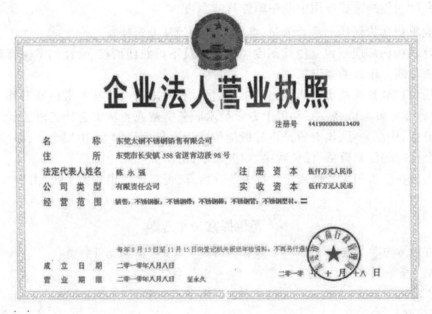

【边解边读】

(知识点1)法人不是"人",而是指"组织"或"机构";而法人代表则是"人",法人代表具体行使单位职权,进行本单位的日常管理工作。

(知识点2)《会计法》规定,单位负责人为单位会计行为的责任主体,但并不排除会计人员和其他相关人员的责任。

(知识点3)单位负责人主要包括两类人员:

一类是单位的法定代表人(也称法人代表),是指依法代表法人单位行使职权的负责人。如国有工业企业的厂长(经理)、公司制企业的董事长、国家机关的最高行政官员等;

一类是依法代表非法人单位行使职权的负责人。如代表合伙企业执行合伙企业事务的合伙人、个人独资企业的投资人等(有限责任和无限连带责任的两种"一把手")。

(知识点 4)所谓"授意",是指行为人通过暗示方式要求他人执行;所谓"指使",是指行为人利用职权或者特殊的地位,通过明示方式,要求他人执行;所谓"强令",是指明知其命令是违反法律的,却依然利用职权强迫他人执行其命令。

(知识点 5)《会计法》中的"伪造",是指以虚假经济业务或者资金往来为前提,编制虚假的会计资料的行为;《会计法》中的"变造",是指利用涂改、拼接、挖补或者其他手段,改变会计资料的真实内容的行为。

3.《会计法》规定:"各单位应当根据会计业务的需要设置会计机构,或者在有关机构中设置会计人员并指定会计主管人员;不具备设置条件的,应当委托经批准设立从事会计代理记账业务的中介机构进行代理记账。"

4. 必须依法设置账簿,建立、健全本单位的内部会计监督制度;

5. 认真审核本单位编制的财务会计报告,并签名盖章,对本单位的财务会计报告的真实性、完整性承担责任。

(二)会计人员的选拔任用由所在单位具体负责

1. 企业单位选拔任用的会计人员,必须具备会计从业资格;

2. 会计机构内部应当建立稽核制度。出纳人员不得兼任稽核、会计档案保管和收入、支出、费用、债权债务账目的登记工作;

3. 担任单位会计机构负责人(会计主管人员)的,除取得会计从业资格证书外,还应具备会计师(会计专业技术资格:中级)以上专业技术职务资格或者从事会计工作 3 年以上经历;

4. 国有大、中型企业,国有资产占控股地位或者主导地位的大、中型企业,必须设置总会计师。总会计师的任职资格、任免程序、职责权限,由国务院规定。

会计人员在取得相关资格或符合有关条件后,能否具体从事相关工作,由所在单位自行决定。

范例探究 3·单选题

应对本单位的会计工作和会计资料的真实性、完整性负责的是( )。

A.分管会计工作的副厂长　　　　B.总会计师

C.单位负责人　　　　　　　　　D.会计主管

[答案]　C

[解析]　本题考查单位内部的会计工作管理。我国《会计法》规定,单位负责人对本单位的会计工作和会计资料的真实性、完整性负责。

第三节 会计核算

【重点、难点、疑点解读及范例探究】

会计核算是会计的基本职能之一。为规范会计核算,我国会计法律制度对会计核算的依据、会计核算的基本要求以及会计年度、记账本位币、会计凭证、会计账簿、财务会计报告、财产清查、会计档案管理等作出了统一规定。

一、总体要求

《会计法》规定:"各单位必须根据实际发生的经济业务事项进行会计核算,填制会计凭证,登记会计账簿,编制财务会计报告。任何单位不得以虚假的经济业务事项或者资料进行会计核算。"

(一)会计核算依据

1. 会计核算必须以实际发生的经济业务事项为依据。这是会计核算的重要前提,也是保证会计资料质量的关键,体现了会计核算的真实性和客观性要求。

2. 以虚假的经济业务事项或资料进行会计核算,是一种严重的违法行为。《会计法》规定,任何单位不得以虚假的经济业务事项或者资料进行会计核算。虚假的信息或者资料会造成会计资料失真、失实,据此提供的会计资料不仅没有可信度,还极大地损害了会计信息使用者的利益,扰乱社会经济秩序,是一种严重违法行为,将受到法律的严厉制裁。

(二)对会计资料的基本要求

根据《会计法》和《会计基础工作规范》的规定,会计资料的内容和要求必须符合国家统一的会计制度规定,保证会计资料的真实性、完整性,不得伪造、变造会计凭证和会计账簿,不得提供虚假的财务会计报告。

1. 会计资料主要是指会计凭证、会计账簿、财务会计报告等会计核算专业资料,是投资者作出投资决策,经营者进行经营管理,国家进行宏观调控的重要依据。

2. 会计资料的内容和要求必须符合国家统一的会计制度规定,保证会计资料的真实性和完整性,任何单位和个人不得为单位内部的非法目的或为他人伪造、变造会计凭证和会计账簿,不得提供虚假的财务会计报告。

3. 会计资料的真实性和完整性是会计资料最基本的质量要求是会计工作的生命。会计资料的真实性主要是指会计资料所反映的内容和结果,应当同单位实际发生的经济业务的内容及其结果相一致。会计资料的完整性主要是指构成会计资料的各项要素都必须齐全,使得会计资料如实地、全面地记录和反映经济业务情况,便于会计资料使用者全面地、准确地了解经济活动情况。

4. 使用计算机进行会计核算的,其软件及其生成的会计凭证、会计账簿及其他会计资料,也应当符合国家统一的会计制度规定。

二、会计凭证

会计凭证是指具有一定格式、用以记录经济业务事项的发生和完成情况,明确经济责任并作为记账依据的书面证明,是会计核算的重要会计资料。会计凭证按其来源和用途,分为原始凭证和记账凭证。

(一)原始凭证

1. 概念

原始凭证是在经济业务事项发生时,由经办人员直接取得或者填制,用以表明某项经济业务事项已经发生或完成情况,明确有关经济责任的一种原始凭据。

2. 分类

原始凭证按照来源的不同,可分为外来原始凭证(如差旅报销使用的火车票)和自制原始凭证(如入库单)两种;按照格式是否一致,可以分为统一印制的具有固定格式的原始凭证(如发票、各种结算凭证)和各单位印制的无统一格式的内部凭证(如领料单、入库单)。

3. 原始凭证的内容

(1)原始凭证名称;

(2)填制日期;

(3)填制单位名称或者填制人员的姓名;

(4)接受原始凭证单位;

(5)经济业务事项名称;

(6)经济业务事项的数量、单价和金额;

(7)填制单位签章;

(8)经办经济业务事项人员的签名或盖章;

(9)凭证附件等。

4. 原始凭证的填制或取得、审核及更正

(1)及时填制或取得原始凭证,是会计核算工作得以正常进行的前提条件。《会计法》规定:"办理本法第十条所列的经济业务事项,必须填制或取得原始凭证并及时送交会计机构。"延误会计核算及时进行的,均为违法行为。

【边解边读】

(知识点)对于"及时"的时间限制,并非是"当时"或"第一时间",通常指一个会计结算期以内。

(2)原始凭证的审核

《会计法》规定,会计机构、会计人员必须审核原始凭证,这是法定职责。审核原始凭证主要是审核以下两个方面的内容:

①合法性审核:审查发生的经济业务是否符合国家的政策、法令、制度和计划的规定,有无违反财经纪律等违法乱纪行为;

②合规性审核:审核原始凭证的填制是否及时,内容是否真实完整,书写是否清楚规范,项目是否填写齐全,经济内容填制是否正确、完整、清晰,数字填写是否规范,计算是否准确,大小写金额是否一致,有无涂改、刮擦、挖补等伪造凭证的情况,还要审核有关部门人员是否签章等。

会计机构、会计人员对不真实、不合法的原始凭证有权不予接受,并向单位负责人报告,请求查明原因;对记载不准确、不完整的原始凭证应予退回,并要求经办人员按照国家统一的会计制度的规定进行更正、补充;对违反制度和法令的一切收支,有权拒绝付款、拒绝报销或拒绝执行;对伪造凭证、涂改凭证和虚报冒领等不法行为,应扣留原始凭证,并向领导报告,请求严肃处理。

(3)原始凭证错误的更正

①原始凭证记载的各项内容均不得涂改,随意涂改原始凭证即为无效凭证,不能作为填制记账凭证或登记会计账簿的依据。

②原始凭证所记载的内容有错误的,应当由出具单位重开或者更正,更正工作必须由原始凭证出具单位进行,并应当在更正处加盖出具单位公章。重新开具原始凭证也应当由原始凭证出具单位进行。

③原始凭证金额有错误的不得更正,只能由原始凭证出具单位重开。因为原始凭证上的金额是反映经济业务事项情况的最重要数据,如果允许随便更改,易产生舞弊,不利于保证原始凭证的质量。

④原始凭证开具单位应当依法开具准确无误的原始凭证,对于填制有误的原始凭证,负有更正和重新开具的法律义务,不得拒绝。

(4)原始凭证的保管

①数量过多的原始凭证,可以单独装订保管。

②一般情况下,原始凭证不得外借,其他单位如因特殊原因需要使用原始凭证时,需经

本单位会计机构负责人(会计主管)批准,可以复制。

③企业和其他组织的原始凭证保管期限一般为15年。

【边解边读】

(知识点)开具发票的单位和个人应当按照税务机关的规定存放和保管发票,不得擅自损毁。已经开具的发票存根联和发票登记簿,应当保存5年,保存期满,报经税务机关查验后销毁。记账联作为原始凭证入账的,视同原始凭证保管15年。

(5)原始凭证的其他注意事项

①一张原始凭证所列的支出需要由两个以上的单位共同负担时,应当由保存该原始凭证的单位开具,并给其他应负担单位原始凭证分割单。原始凭证分割单必须具备原始凭证的基本内容,包括凭证的名称、填制凭证的日期、填制凭证单位名称或填制人的姓名、经办人员的签名或盖章、接受凭证单位的名称以及经济业务内容、数量、单价、金额和费用的分担情况等。

原始凭证分割单

呼伦贝尔安泰热电有限责任公司东海拉尔发电厂
原始凭证分割单

②从外单位取得的原始凭证如有遗失,应当取得原开出单位盖有公章的证明,并注明原来凭证的号码、金额和内容等,由经办单位会计机构负责人(会计主管人员)和单位领导人批准后,才能代作原始凭证。如果确实无法取得证明的,如火车、轮船、飞机票等凭证,由当事人写出详细情况,由经办单位会计机构负责人、会计主管人员和单位领导人批准后,代作原始凭证。

（二）记账凭证

1. 概念

记账凭证亦称传票,是对经济业务事项按其性质加以归类,确定会计分录并据以登记会计账簿的凭证,具有分类归纳原始凭证和满足登记会计账簿需求的作用。

2. 分类

记账凭证有不同的种类,按照记账凭证用途,可分为专用凭证(收款、付款、转账凭证)、通用凭证;按照记账凭证的填制方法,可分为复式记账凭证(收款凭证、付款凭证、转账凭证、通用记账凭证)、单式记账凭证和汇总记账凭证。

3. 记账凭证的内容

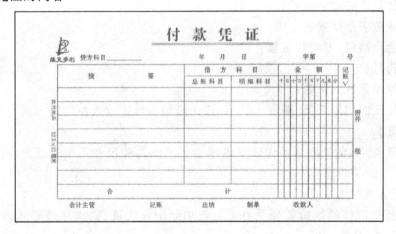

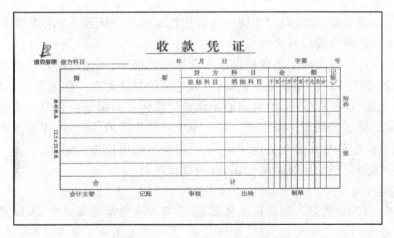

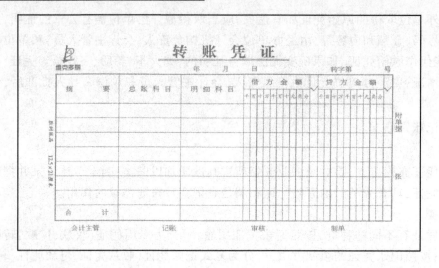

(1)填制记账凭证的日期;

(2)记账凭证的名称和编号;

(3)经济业务事项摘要;

(4)应记会计科目、方向和金额;

(5)记账符号;

(6)所附原始凭证的张数;

(7)记账凭证的填制人员、稽核人员、记账人员和会计主管人员的签名或印章等。

【边解边读】

(知识点)以自制的原始凭证或者原始凭证汇总表代替记账凭证的,也必须具备记账凭证应有的项目。

4. 记账凭证的要求

(1)根据经过审核的原始凭证及有关资料填制记账凭证,要求字迹必须清晰、规范、工整,做到内容完整、分类正确。

(2)填制记账凭证时,应当对记账凭证进行连续编号。一笔经济业务需要填制两张以上记账凭证的,可以采用分数编号法编号。

(3)除结账和更正错误的记账凭证可以不附原始凭证外,其他记账凭证必须附有原始凭证。如果一张原始凭证涉及几张记账凭证,可以把原始凭证附在一张主要的记账凭证后面,并在其他记账凭证"摘要栏"注明附有该原始凭证记账凭证的编号或者附原始凭证复印件。

(4)一张原始凭证所列支出需要两个以上单位共同负担的,应当由保存该原始凭证的单位开具原始凭证分割单给其他应负担的单位,不影响其他单位进行结算。

(5)如果在填制记账凭证时发生错误,应当重新填制。

【边解边读】

(知识点)已经登记入账的记账凭证,在当年内发现填写错误时,可以用红字填写一张与原内容相同的记账凭证,在摘要栏注明"注销某月某日某号凭证"字样,同时再用蓝字重新填制一张正确的记账凭证,注明"订正某月某日某号凭证"字样。如果会计科目没有错误,只是金额错误,也可以将正确数字与错误数字之间的差额,另编一张调整的记账凭证,调增金额用蓝字,调减金额用红字。发现以前年度记账凭证有错误的,应当用蓝字填制一张更正的记账凭证。

(6)记账凭证填制完经济业务事项后,如有空行,应当自金额栏最后一笔金额数字下的空行处至合计数上的空行处画线注销。

5. 原始凭证与记账凭证的关系

(1)联系

原始凭证是记账凭证的基础,记账凭证是根据原始凭证编制的。在实际工作中,原始凭证作为附件,附在记账凭证后面。记账凭证是对原始凭证的概括和说明,是登记账簿的依据。

(2)区别

①前者一般由经办人员填制,后者一律由会计人员填制。

②前者根据发生或完成的经济业务填制,后者根据审核后的原始凭证填制。

③前者仅记录、证明经济业务的发生或完成情况,后者对发生或完成的经济业务进行归类和整理。

④前者是后者填制的直接依据,后者是登记账簿的直接依据。

6. 记账凭证的保管

企业和其他组织的记账凭证保管期限一般为15年。

范例探究 1·单选题

单位在审核原始凭证时,发现外来原始凭证的金额有错误,应由(　　)。

A.原出具凭证单位更正并加盖公章　　　B.接受凭证单位更正并加盖公章

C.原出具凭证单位重开　　　D.经办人员更正并报领导审批

[答案]　C

[解析]　本题考查原始凭证的填制要求。原始凭证金额出现错误的,不得更正,只能由原始凭证开具单位重新开具。

(三)会计账簿

1. 概念

会计账簿是由一定格式、相互联系的账页所组成的,以会计凭证为依据,用来序时地、分类地全面记录和反映一个单位经济业务事项的会计簿籍,是编制财务会计报告的重要依据,是会计资料的主要载体之一,也是会计资料的重要组成部分。会计账簿的主要作用是对会计凭证提供的大量分散数据或资料进行分类归集整理,以全面、连续、系统地记录和反映经济活动情况。

2. 分类

会计账簿按用途可分为序时账簿(又称日记账)、分类账簿和备查账簿。

3. 会计账簿的种类

(1)总账:又称总分类账,一般采用订本式;

(2)明细账:一般采用活页账;

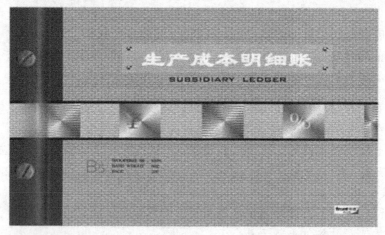

(3)日记账:一般使用订本账;

(4)其他辅助账簿：仓库备查簿、抵押备查簿。

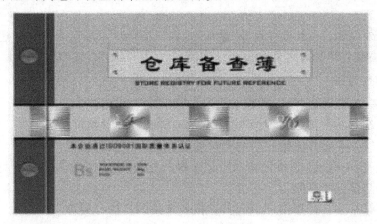

4. 登记会计账簿的基本要求

依法设置会计账簿是单位进行会计核算的最基本要求，所有实行独立核算的国家机关、社会团体、企业、事业单位和其他组织，都必须依法设置、登记会计账簿，保证其真实完整。

(1)启用新的会计账簿时，应当在账簿封面上写明单位名称和账簿名称，并填写账簿扉页上的"启用表"，注明启用日期、账簿起止页数(活页式账簿，可于装订时填写起止页数)、记账人员和会计机构负责人(会计主管人员)姓名等，并加盖名章和单位公章。当记账人员或者会计机构负责人(会计主管人员)调动工作时，也要在"启用表"上注明交接日期、接办人员和监交人员姓名，并由交接双方签名或者盖章。这样做是为了明确有关人员的责任，加强有关人员的责任感，维护会计账簿记录的严肃性。

(2)根据经过审核无误的会计凭证登记会计账簿。

(3)按照记账规则登记会计账簿。会计账簿应当按照连续编号的页码顺序登记；会计账簿要按页次顺序连续登记，不得隔页、缺号、跳行；会计账簿记录发生错误的，应当按照会计制度规定的方法更正，并由会计人员(记账人员)和会计机构负责人(会计主管人员)在更正处盖章，以明确责任等。

画线更正法示意图

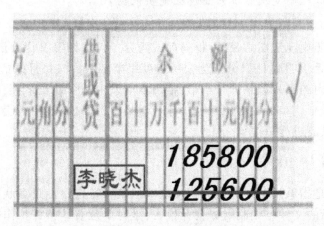

(4)实行会计电算化的单位,其会计账簿的登记、更正,应当符合国家统一的会计制度的规定。

(5)禁止账外设账。一般是私设"小金库"、"内账"或者"小账",是严重的违法行为。任何单位都不得在法定会计账簿之外私设会计账簿。

5. 账目核对(对账)

要及时对账,保证账证相符、账账相符、账表相符、账实相符。

(1)账实相符——会计账簿记录与实物、款项实有数核对相符。

(2)账证相符——会计账簿记录与会计凭证有关内容核对相符。

(3)账账相符——会计账簿之间对应记录核对相符,包括总账与各账户之间、总账与明细账之间、总账与日记账之间等。

(4)账表相符——会计账簿记录与会计报表有关内容核对相符。

【边解边读】

(知识点1)账实相符是财产清查制度的一个方面,是通过定期或不定期、全面或部分地对各项财产物资进行实地盘点,以及对库存现金、银行存款、债权债务进行清查核算的一种制度。通过清查,可以发现财产管理工作中存在的问题,以便查清原因,改善经营管理,保护财产的完整和安全,保证会计资料的真实性。

(知识点2)盘点法:盘点法又称"盘存法",是指通过对有关财产物资的清点、计量,来证实账面反映的财物是否确实存在的一种查账技术。

按具体做法,分为直接盘存法和监督盘存法。

直接盘存法指查账人员在实施查账时,通过亲自盘点有关财物来证实与账面记录是否相符的一种盘存方法。

监督盘存法指在盘点有关财物时,查账人员不亲自盘点,而通过对有关盘点手续的观察和现场的监督,来证实有无问题的一种盘存法。

按盘点的范围大小,分为全面盘存法和抽样盘存法。

运用盘点法对货币、物资进行盘点查证,可以验证被查单位各项资产的真实性和会计记录的真实正确性,有助于发现贪污受贿、投机倒把等非法行为,也有助于为评价被查单位的内部管理制度及经济效益情况提供依据。

6. 结账

各单位应当按照规定定期结账,不得提前或延迟。年度结账日为公历年度的每年12月31日,半年度、季度和月度结账日分别为公历年度每半年、每季、每月的最后一天。每年按照规定的方法对该期内的账簿记录进行小结,结出本期发生额合计及余额,并将其全部余额结转下期或转入新账。任何单位的对账工作每年应至少进行一次。在每个会计期间可多次登记账簿,但结账一般只能进行一次。

三、财务会计报告

财务会计报告是指单位对外提供的,反映单位某一特定日期财务状况和某一会计期间经营成果、现金流量的文件。编制财务会计报告,是对单位会计核算工作的全面总结。

(一)企业财务会计报告的构成

财务会计报告包括财务会计报表、会计报表附注和财务情况说明书。

1. 财务报表。一套完整的财务报表至少应当包括资产负债表、利润表、现金流量表和所有者权益(或股东权益)变动表以及附注,即"四表一注"。资产负债表、利润表、现金流量表分别从不同角度反映企业的财务状况、经营成果和现金流量。

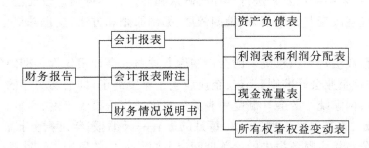

财务报表按编制期间的不同,可以分为中期财务报表和年度财务报表,中期财务报表包括月报、季报、和半年报。按编报主体的不同,可以分为个别财务报表和合并财务报表。

【边解边读】

(知识点 1)个别财务报表是指由公司或子公司编制的,仅反映母公司或子公司自身财务状况、经营成果和现金流量的报表。

(知识点 2)合并财务报表是指由母公司编制的,将母子公司形成的企业集团作为一个会计主体,综合反映企业集团整体财务状况、经营成果和现金流量的报表。

2. 财务报表附注是财务报告的重要组成部分。它是为了便于会计信息使用者理解财务报表的内容,而对财务报表产生的基础、依据、原则和方法,以及主要项目等所做的详细解释和补充说明。会计报表附注主要包括两类:一是对会计报表各要素的补充说明,二是对那些会计报表中无法描述的其他财务信息的补充说明。

3. 财务情况说明书是对单位一定会计期间内收入、成本、费用、利润、资金等情况,进行分析总结后写成的书面文字报告。

(二)财务会计报告的编报要求

1. 财务会计报告编制的依据,是经过审核的会计账簿记录和有关资料。

2. 财务会计报告的编制要求、提供对象和提供期限,应当符合《会计法》和国家统一的会计制度的规定。

(1)编制要求

各单位应保证财务会计报告编制符合法律、行政法规和国家统一的会计制度的要求;企业在编制年度财务会计报告前,应当按照规定,全面结算清查资产、核实债务、核实各项投资是否存在,清查核实在建工程的发生额与账面记录是否一致等,以保证财务会计报告反映的会计信息真实、完整。企业在编报财务会计报告前的其他注意事项:企业应当按照规定的会计报表格式和内容,做到内容完整、数字真实、计算准确、不得漏报或者随意取舍;企业应当按照规定,核对账、证、金额是否一致,记账方向是否相符;检查会计核算是否按照规定进行;

检查是否按照会计核算一般原则进行确认和计量,以及账务处理是否合理;检查是否存在因会计差错、会计政策变更等原因,需要调整前期或本期相关项目的情况。

会计报表之间、会计报表各项目之间,凡有对应关系的数字,应当相互一致。会计报表中本期与上期的有关数字应当相互衔接。年度、半年度会计报表至少应当反映两个年度或者相关两个期间的数据。

企业对会计报表中各项要素进行合理的确认和计量,不得随意改变会计要素的确认和计量标准,不得随意改变其编制基础、编制依据、编制原则和方法,这也是对会计的一贯性原则的体现。

依照法律、行政法规和国家统一的会计制度有关财务会计报告提供期限的规定,及时提供财务会计报告;《企业会计准则》规定,企业应当于年度终了(即公历每年的 12 月 31 日)编制财务会计报告;国家统一的会计制度中有关于规定应当编报半年度、季度和月度财务会计报告的,听从规定,并在每半年度、每季、每月的最后一天编报;年度财务报告涵盖的期间短于一年的,应当公布年度财务报告的涵盖期间以及短于一年的原因。

(2)向不同的会计资料使用者提供的财务会计报告,其编制依据、编制原则、编制方法应当一致。提供对象:有关财务关系人(如投资者、债权人等)及政府部门,包括本单位、本单位的有关财务关系人以及政府有关管理部门(如财政部门、税务部门)等。

(三)企业对外提供的财务会计报告

1. 应当依次编订页码,加封面,装订成册,加盖公章。

2. 封面应当注明:企业名称和统一代码,组织形式,地址,报表所属年度、季度或月度及报送期。

3. 由企业负责人、主管会计工作的负责人及会计机构负责人(会计主管人员)签名并盖章。设置总会计师的企业,还应当由总会计师签名并盖章,即"三负一师"。

4. 根据企业章程的规定,企业应当向投资者提供财务会计报告。

5. 凡接触企业财务会计报告的组织或个人,在财务会计报告未正式对外公布前,应当对其内容保密。

(四)财务会计报告的签章程序和财务会计报告的责任主体

财务会计报告应当由单位负责人和主管会计工作的负责人（会计机构负责人或会计主管人员）签名并盖章,设置总会计师的单位,还需由总会计师签名并盖章。单位负责人应当保证财务会计报告真实、完整。因此,单位负责人是财务会计报告的责任主体。

财务报告(签名+盖章)

票据、支付结构凭证 $\left\{ \begin{array}{l} 签名\checkmark \\ 盖章\checkmark \\ 签名+盖章\checkmark \end{array} \right.$ 效力等同

(五)财务会计报告的注册会计师审计

财务会计报告须经注册会计师审计的,企业应当将注册会计师及其会计师事务所出具

的审计报告随同财务会计报告一并对外提供。例如,上市公司、外商投资企业的财务会计报告必须经注册会计师审计。在这种情况下,就要求单位对外提供的财务会计报告应当附具体审计报告,以便财务会计报告的使用者更清晰、更明确、更完整地了解和分析会计报告的内容。

范例探究 2·多选题

下列各项中,属于会计报表的有(　　)。

A.资产负债表　　　　　　　　B.利润表

C.现金流量表　　　　　　　　D.年度生产计划表

[答案]　ABC

[解析]　本题考查财务会计报告的构成。会计报表主要包括:资产负债表、利润表、现金流量表、所有者权益变动表。

范例探究 3·多选题

根据《会计法》的相关规定,下列关于单位有关负责人在财务会计报告上签章的做法中正确的有(　　)。

A.签名　　　　　　　　　　　B.加盖单位公章

C.签名并加盖单位公章　　　　D.签名并加盖个人名章

[答案]　ABC

[解析]　本题考查财务会计报告的签章程序

范例探究 4·多选题

关于财务会计报告的编制,下列说法正确的有(　　)。

A.财务会计报告的编制依据必须是经过审核的会计账簿记录和有关资料

B.企业必须编制年度、半年度、季度和月度财务会计报告

C.企业有时可以根据需要提前或者推迟结账

D.企业在编制年度财务会计报告前,应当按照规定,全面结算清查资产,核实债务。

[答案]　A　D

[解析]　本题考查财务会计报告的编制内容。C选项将会计账簿的结账内容与财务会计报告编制混淆。

四、会计档案

会计档案是指会计凭证、会计账簿、财务会计报告等会计核算专业资料。它是记录和反映经济业务的重要资料和证据,是国家档案的重要组成部分,也是各单位的重要经济档案。它是对一个单位每项经济业务的来龙去脉的记录和反映,可以检查一个单位是否遵守财经纪律,有无弄虚作假、违法乱纪行

为,还可以为国家、单位提供详尽的经济资料,以作为制定经济政策和经济决策的参考。

(一)范围和种类

1. 会计凭证类:原始凭证、记账凭证、汇总凭证及其他会计凭证。

2. 会计账簿类:总账、明细账、日记账、固定资产卡片、辅助账簿及其他会计账簿。

3. 财务报告类:月度、季度、年度财务报告,包括会计报表附件、附注、文字说明及其他财务报告。

4. 其他类:银行存款余额调节表、银行对账单、其他应当保存的会计核算专业资料以及会计档案移交清册、会计档案保管清册、会计档案销毁清册。

注意:财务预算、计划、制度等文件材料属于文书档案。

(二)归档和移交

1. 归档

各单位每年形成的会计档案,应由单位会计部门按照归档要求整理立卷或装订。当年形成的会计档案在会计年度终了后,可暂由本会计部门保管1年。

2. 移交

(1)会计机构在向单位档案部门移交会计档案时,要编制移交清册。

(2)档案部门接收保管的会计档案,原则上应当保持原卷册的封装,不得随意拆封。个别需要拆封重新整理的,应当会同会计部门和原经办人共同拆封整理,以分清责任。

(3)会计档案原件原则上不得借出。遇有特殊需要,经本单位负责人批准,在不拆散原卷册的前提下,可以提供查阅或者复制件,但必须办理登记手续。

(三)保管期限

《会计档案管理办法》规定,会计档案的保管期限分为永久和定期两种。定期保管期限分为3年、5年、10年、15年和25年五类。会计档案的保管期限,从会计年度终了后的第一天算起。

(四)销毁

《会计档案管理办法》规定,会计档案保管期满需要销毁的,除特殊规定外,可以按照程序予以销毁。基本程序和要求是:

1. 编造会计档案销毁清册。由单位档案管理部门会同会计机构提出销毁意见,编制会计档案销毁清册,列明所要销毁会计档案的情况后报本单位负责人,单位负责人复核后在会计档案销毁清册上签署销毁意见。

2. 专人负责监销。会计档案销毁前,需要有指定的监销人按照会计档案销毁清册所列的内容,对所要销毁的会计档案进行清点核对。会计档案销毁后,监销人员应当在会计档案销毁清册上签名盖章,并及时将监销情况向本单位负责人报告。

3. 不得销毁的会计档案:

(1)对于未结清的债权债务原始凭证和涉及其他未了事项(如超过会计档案保管期限,但尚未报废的固定资产购买凭证)的原始凭证不得销毁,应当单独保管到未了事项完结后方可按规定的程序进行销毁。

(2)正在建设期间的建设单位会计档案,无论其保管期是否期满,都不得销毁,必须妥善保管,等到项目办理竣工决算后,按规定的交接手续移交给项目的接受单位进行妥善保管。

五、其他

(一)会计年度

《会计法》规定,我国一直采用统一的历年制会计年度,会计年度自公历1月1日起至12月31日止。

(二)记账本位币

《会计法》规定,会计核算以人民币为记账本位币。在我国,业务收支以人民币以外的货币为主的单位,可以选定其中一种货币作为记账本位币,但是编报的财务会计报告必须折算为人民币。

(三)会计处理方法(会计核算)

通常包括收入确认方法、企业所得税的会计处理方法、存货计价方法、坏账损失的核算方法、固定资产折旧方法、编制合并会计报表的方法及外币折算的会计处理方法等。

《会计法》和国家统一的会计制度规定,各单位采用的会计处理方法前后各期应当保持一致,不得随意变更。

(四)会计的记录

《会计法》规定,会计记录的文字应当便用中文。在民族自治地方,会计记录可以同时使用当地通用的一种民族文字。在中华人民共和国境内的外商投资企业、外国企业和其他外国组织的会计记录,可以同时使用一种外国文字。

第四节　会计监督

【重点、难点、疑点解读及范例探究】

《会计法》以法律的形式确立了三位一体的会计监督体系——单位内部的会计监督(内部监督)、政府监督和社会监督(外部监督)。三者之间相互补充、相互制约、不可替代。内部监督的本质是内部控制。社会监督是对内部监督的再监督,其特征是监督行为的独立性和有偿性。政府监督是对内部监督和社会监督的再监督,其特征是强制性和无偿性。

一、单位内部会计监督

《会计法》规定,建立、健全本单位内部会计监督制度是各单位的法定义务。单位内部会计监督制度是内部控制制度的重要组成部分。

(一)单位内部会计监督主体和对象

《会计法》《会计工作规范》和《内部会计控制规范(试行)》规定,各单位的会计机构、会计人员对本单位的经济活动进行会计监督。

1. 单位内部会计监督的主体——各单位的会计机构、会计人员。

《会计法》规定，单位负责人负责单位内部会计监督制度的组织实施，对本单位内部会计监督制度的建立及有效实施承担最终责任。

2. 单位内部会计监督的对象——单位的经济活动。

（二）单位内部会计监督制度的基本要求

1. 记账人员与经济业务事项或会计事项的审批人员、经办人员、财物保管人员的职责权限应当明确，并相互分离、相互制约。

2. 重大对外投资、资产处置、资金调度和其他重要经济业务事项，其决策和执行的相互监督、相互制约程序应当明确。

3. 财产清查的范围、期限和组织程序应当明确。

4. 对会计资料定期进行内部审计的办法和程序应当明确。

（三）会计机构和会计人员在单位内部会计监督中的职权

1. 依法开展会计核算和监督。会计机构、会计人员对违反《会计法》和国家统一的会计制度规定的会计事项，有权拒绝办理或者按照职权予以纠正。监督权力是《会计法》赋予会计机构和会计人员的特有职权。

2. 有权对单位内部的会计资料和财产物资实施监督。会计机构、会计人员发现会计账簿与实物、款项及有关资料不相符的，按照国家统一的会计制度的规定有权自行处理的，应当及时处理；无权处理的，应当立即向单位负责人报告，请求查明原因，作出处理。

二、会计工作的政府监督

（一）概念

会计工作的政府监督主要是指财政部门代表国家，对各单位和单位中相关人员的会计行为实施的监督检查，以及对发现的违法会计行为实施行政处罚。国务院财政部门主管全国的会计工作，县级（区级）以上地方各级人民政府财政部门管理本行政区域内的会计工作，财政部门是会计工作的政府监督实施主体。按《会计法》规定，除财政部门外，审计、税务、人民银行、证券监管、保险监管等部门应依照有关法律、行政法规的职责，对有关单位的会计资料实施监督检查。

（二）财政部门会计监督检查的主要内容

财政部门实施会计监督检查的对象——会计行为

1. 对单位依法设置会计账簿的检查。包括是否设置账簿，设置会计账簿情况是否合规，各单位是否存在账外设账等。

2. 对单位会计资料真实性、完整性的检查。

3. 对单位会计核算情况的检查。

4. 对单位会计人员从业资格和任职资格的检查。

5. 对会计师事务所出具的审计报告的程序和内容的检查。

6. 国务院财政部门和省、自治区、直辖市人民政府财政部门，依法对注册会计师、会计师事务所和注册会计师协会进行监督、指导。

三、会计工作的社会监督

(一)概念

会计工作的社会监督主要是指由注册会计师及其所在的会计师事务所,依法对受托单位的经济活动进行审计、鉴证的一种监督制度。

任何单位或者个人不得以任何方式,要求或者示意注册会计师及其所在的会计师事务所出具不实或者不当的审计报告。

《会计法》规定,任何单位和个人对违反《会计法》和国家统一的会计制度规定的行为,有权检举。这也属于会计工作的社会监督范畴。

(二)注册会计师审计与内部审计的关系

1. 联系

注册会计师审计为了提高审计效率,往往需要借助内部审计,而内部审计部门也经常要求注册会计师提供管理建议书,提升企业经营管理水平。

2. 区别

(1)审计独立性不同。内部审计为组织内部服务,是相对独立的,注册会计师审计则为需要可靠信息的第三方提供服务,是双向独立的。

(2)审计方式不同。内部审计根据管理需要自觉施行,注册会计师审计是受托进行,委托人可自由选择会计师事务所。

(3)审计内容和目的不同。内部审计的内容主要是审查各项内部控制制度的执行情况,提出各项改进措施。注册会计师审计主要围绕会计报表进行,是对审计后的会计报表发表审计意见。

(4)审计职责和作用不同。内部审计的结果只对本部门、本单位负责,对外不起鉴证作用,并对外界保密。注册会计师审计需要对投资者、债权人以及社会公众负责,对外出具的审计报告具有鉴证作用。

(5)审计的标准不同。内部审计遵循内部审计准则,而注册会计师遵循注册会计师审计准则。

(6)审计的时间不同。内部审计通常采用定期或不定期审计,时间安排灵活。注册会计师审计通常是定期审计,每年对被审计单位财务报表审计一次。

(三)注册会计师及其所在的会计师事务所业务范围

根据《注册会计师法》的规定,注册会计师是取得注册会计师证书,并接受委托从事审计和会计咨询、服务业务的执业人员,并依法从事承办以下两方面的业务:

1. 依据《注册会计师法》承办的审计业务

(1)审查企业会计报表,出具审计报告;

(2)验证企业资本,出具验资报告;

(3)办理企业合并、分立、清算事宜中的审计业务,出具有关报告;

(4)法律、行政法规规定的其他审计业务。

2. 承办会计咨询、会计服务业务

(1)设计会计制度，担任会计顾问，提供会计管理咨询；

(2)代理纳税申报，提供税务咨询，代理、申请工商登记，拟订合同、章程和其他业务文件；

(3)办理资产评估和项目可行性研究中的有关业务；

(4)培训会计、审计和财务管理人员；

(5)其他会计咨询和服务。

（四）委托人、注册会计师和会计师事务所的行为规范

(1)须经过注册会计师进行审计的单位，应向受委托的会计师事务所如实提供会计资料以及有关情况；

(2)任何人不得干扰注册会计师独立开展审计业务；

(3)政府监督会计师事务所出具的审计报告。

第五节　会计机构和会计人员

【重点、难点、疑点解读及范例探究】

会计机构是指各单位办理会计事务的职能部门。会计人员是指直接从事会计工作的人员。

一、会计机构设置

（一）单位会计机构的设置

一个单位是否需要设置会计机构，一般取决于以下几个方面的因素：

1. 单位规模的大小。

2. 经济业务和财务收支的繁简。

3. 经营管理的要求。经营管理上对会计机构和会计人员的设置要求是最基本的。

不具备设置条件的单位，应当委托经批准设立从事会计代理记账业务的中介机构代理记账，且应设置会计人员（取得会计从业资格证的，从事会计工作的人员）并指定会计主管人员。

（二）会计机构负责人（会计主管人员）的任职资格

1. 会计机构负责人（会计主管人员）的概念

会计机构负责人（会计主管人员）是指在一个单位内具体负责会计工作的中层领导人

员,在单位负责人的领导下,负责组织、管理本单位所有会计工作。

2. 任职资格

《会计法》规定,担任单位会计机构负责人(会计主管人员)的,除取得会计从业资格证书外,还应当具备会计师以上专业技术职务资格(中级会计师)或者从事会计工作3年以上经历。

(三)会计人员回避制度

1. 国家机关、国有企业、事业单位任用会计人员,应当实行回避制度。

2. 单位负责人的直系亲属不得担任本单位的会计机构负责人、会计主管人员,会计机构负责人、会计主管人员的直系亲属不得在本单位会计机构中担任出纳工作。

3. 直系亲属包括:夫妻关系、直系血亲关系(祖父母、父母、子女、孙子女等)、三代以内旁系血亲(兄弟姐妹等)以及近姻亲(岳父母、儿女亲家等)关系。另外,法律上确定的养父母和养子女之间的关系,也属直系血亲关系。

直系血亲

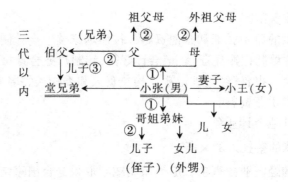

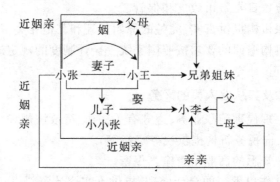

二、代理记账

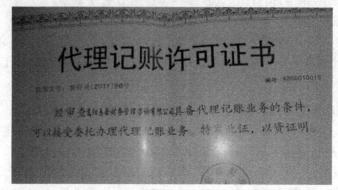

代理记账是指从事代理记账业务的社会中介机构接受委托人的委托，办理会计业务，是一种新的社会性会计服务活动。

委托人是指委托代理记账机构办理会计业务的单位。代理记账机构是指从事代理记账业务的中介机构，主要包括：代理记账公司、会计师事务所以及具有代理记账资格的其他社会咨询服务机构等。

（一）代理记账的业务范围

1. 根据委托人提供的原始凭证和其他资料，按照国家统一会计制度的规定进行会计核算，包括审核原始凭证、填制记账凭证、登记会计账簿、编制财务会计报告等。

2. 对外提供财务会计报告（经代理记账机构负责人和委托人签名并盖章）。

3. 向税务机关提供税务资料。

4. 委托人委托的其他会计业务。

（二）委托代理记账的委托人的义务

1. 对本单位发生的经济业务事项，应当填制或者取得符合国家统一的会计制度规定的原始凭证。

2. 应当配备专人负责日常货币收支和保管。

3. 及时向代理记账机构提供真实、完整的原始凭证和其他相关资料。

4. 对于代理记账机构退回的要求按照国家统一会计制度的规定进行更正、补充的原始凭证，应当及时予以更正、补充。

（三）代理记账机构及其从业人员的义务

1. 按照委托合同办理代理记账业务，遵守有关法律、行政法规和国家统一的会计制度的规定（如进行会计核算、向税务机构提供税务资料等）。

2. 对在执行业务中知悉的商业秘密应当保密。

3. 对委托人示意其作出不当的会计处理，提供不实会计资料，以及其他不符合法律、行政法规和国家统一的会计制度规定的要求，应当拒绝。

4. 对委托人提出的有关会计处理原则问题应当予以解释。

（四）法律责任

1. 代理记账机构对其专职从业人员和兼职从业人员的业务活动承担责任。

2. 委托人故意向代理记账机构隐瞒事实情况或提供不实情况的,应承担法律责任。

3. 代理记账机构违反规定,造成会计核算混乱,损害国家和委托人利益的,应承担法律责任。

(五)申请设立代理记账机构的条件

申请设立除会计师事务所以外的代理记账机构,应当经所在地的县级(区级)以上人民政府财政部门批准,并领取由财政部统一印制的代理记账许可证书,实行审批制。设立代理记账机构,除国家法律法规另有规定外,营房符合下列条件:

1. 3名以上持有会计从业资格证书的专职从业人员。

2. 主管代理记账业务的负责人具有会计师以上专业技术资格。

3. 有固定的办公场所。

4. 有健全的代理记账业务规范和财务会计管理制度。

三、会计从业资格

会计从业资格是指进入会计职业、从事会计工作的一种法定资质,是进入会计职业的"门槛"。会计类专业包括:会计学、会计电算化、注册会计师专门化、审计学、财务管理、理财学。

(一)会计从业资格证书的适用范围(单位)

在国家机关、社会团体、公司、企业、事业单位和其他组织从事会计工作的人员,必须取得会计从业资格,持有会计从业资格证书。

会计从业资格证书制度的适用范围:

1. 会计机构负责人(会计主管人员);

2. 出纳;

3. 稽核;

4. 资本、基金核算;

5. 收入、支出、债权债务核算;

6. 工资、成本费用、财务成果核算;

7. 财产物资的收发、增减核算;

8. 总账;

9. 财务会计报告编制;

10. 会计机构内会计档案管理。

(二)会计从业资格的取得

1. 会计从业资格的取得实行考试制度。考试科目为:财经法规与会计职业道德、会计基础、初级会计电算化(或者珠算五级)。会计从业资格考试大纲由财政部统一制定并公布。省级财政管理部门负责组织实施考试工作。

2. 会计从业资格报名条件。

(1)遵守会计和其他财经法律法规;

(2)具备良好的道德品质;

(3)具备会计专业基本知识和技能。

3. 会计从业资格部分考试科目免试条件：具备国家教育行政主管部门认可的中专以上(含中专)会计类专业学历(或学位)的,自毕业之日起2年内(含2年),免试会计基础、初级会计电算化(或者珠算五级)。

【边解边读】

(知识点1)被依法吊销会计从业资格证书的人员,自被吊销之日起5年内(包含5年)不得参加会计从业资格考试,不得重新取得会计从业资格证书。

(知识点2)因提供虚假会计资料、隐匿或者故意销毁会计资料,被依法追究刑事责任的人员,不得参加会计从业资格考试,不得取得或者重新取得会计从业资格证书。

(三)会计从业资格证书管理

在我国,会计从业资格实行注册登记制度,全国范围内有效。

1. 上岗注册登记

持证人员从事会计工作,应当自从事会计工作之日起90日内填写注册登记表,并持会计从业资格证书和所在单位出具的从事会计工作的工作证明、身份证原件及复印件,向单位所在地或所属部门系统的会计从业资格管理机构办理注册登记。

2. 离岗备案

持证人员离开会计工作岗位超过6个月的,应向原注册登记的会计从业资格管理机构备案。

3. 调转登记

持证人员调转工作单位,且继续从事会计工作的,应当自离开原工作单位之日起90日内填写调转登记表,并持会计从业资格证书及调入单位开具的从事会计工作的工作证明、身份证原件及复印件,按规定要求办理调转登记。

4. 变更登记

持证人员的学历或学位、会计专业技术职务资格等发生变更的,应向所属会计从业资格管理机构办理从业档案信息变更登记。

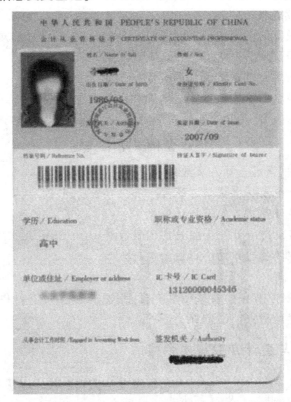

（四）会计人员继续教育

1. 会计人员继续教育的对象和特点

会计人员继续教育的对象,是指所有取得会计从业资格的人员持续接受一定形式的、有组织的理论知识、专业技能和职业道德的教育和培训活动,从而不断提高和保持其专业胜任能力和职业道德水平。

会计人员继续教育的特点:一是针对性;二是适应性;三是灵活性。

2. 会计人员继续教育的内容

会计人员继续教育的内容包括:会计理论与实务,财务、会计法规制度,会计职业道德规范和其他相关知识与法规。

3. 会计人员继续教育的形式和学时要求

会计人员继续教育的形式包括接受培训和自学两种。以接受培训为主,自学为补充。会计人员应当接受继续教育,每年接受继续教育培训(面授)的时间累计不得少于 24 小时。

范例探究·单选题

下列各项中,属于会计人员继续教育形式的有(　　　　)。

A 参加会计专业技术资格考试

B 在各级经济刊物上发表会计论文

C 系统地接受与会计业务相关的远程教育

D 参加所在单位组织的会计脱产类培训

[答案]　ABCD

[解析]　本题考查会计人员继续教育形式,包括接受培训和自学两种,以上都是属于参加继续教育的形式。

四、会计专业职务与会计专业技术资格

(一)会计专业职务——区分会计人员从事业务工作的技术等级

会计专业职务分为高级会计师(高级职务)、会计师(中级职务)、助理会计师(初级职务)、会计员(初级职务)。

【边解边读】

(知识点 1)会计专业职务不包括总会计师,也不包括注册会计师。

(知识点 2)报名参加会计专业技术资格的考试人员,具备基本条件:坚持原则,具备良好的职业道德品质;认真执行会计法律法规,无严重违反财经纪律的行为;履行岗位职责,热爱本职工作;持有会计从业资格证书,具备会计从业资格;具备教育部门认可的高中毕业以上学历。

(二)会计专业技术资格

会计专业技术资格分为初级资格、中级资格和高级资格。初级、中级会计资格的取得实行全国统一考试制度,高级会计师资格实行考试与评审相结合制度。

初级、中级会计资格是一种通过考试确认担任会计专业职务任职资格的制度。初级资格考试科目包括《初级会计实务》和《经济法基础》(一年内一次通过),中级资格考试科目包括

《中级会计实务》《财务管理》和《经济法》(两年为一个周期,单科成绩滚动计算),高级会计师资格的考试科目为高级会计实务。参加考试并达到国家合格标准的人员,由全国会计专业技术资格考试办公室核发高级会计师资格考试成绩合格证,该证在全国范围内3年有效。

会计专业技术资格实行定期登记制度,资格证书每3年登记一次。持证人员应按规定到当地人事、财政部门指定的办事机构办理登记手续,且按财政部的有关规定,接受相应级别会计人员的继续教育。

五、会计工作岗位设置

会计工作岗位是一个单位会计机构内部根据会计业务分工内设置的职能岗位。

(一)设置会计工作岗位的基本原则

1. 根据本单位会计业务的需要设置会计工作岗位。

2. 符合内部牵制制度的要求。会计工作岗位可以一人一岗、一人多岗或者一岗多人,但出纳人员不得兼任稽核、会计档案保管以及收入支出费用、债权债务账目的登记工作。

3. 对会计人员的工作岗位要有计划地进行轮岗。实行定期轮岗制度,以促进会计人员全面熟悉,业务和不断提高业务素质。

4. 要建立岗位责任制。

(二)主要会计工作岗位

会计工作岗位一般分为:总会计师(或行使总会计师职权)岗位,会计机构负责人(会计主管人员)岗位,出纳岗位,稽核岗位,资本、基金核算岗位,收入、支出、债权债务核算岗位,工资核算、成本核算、财务成果核算岗位,财产物资的收发、增减核算岗位,总账岗位,对外财务会计报告编制岗位,会计电算化岗位,会计档案管理岗位。

1. 会计档案管理岗位

对于会计档案管理岗位,在会计档案正式移交之前,属于会计岗位,正式移交档案管理部门之后,不再属于会计岗位。档案管理部门的人员管理会计档案,不属于会计岗位。医院门诊收费员、住院处收费员、药房收费员、药品库房记账员、商场收款(银)员所从事的工作,均不属于会计岗位。单位内部审计、社会审计、政府审计工作也不属于会计岗位。

2. 总会计师岗位

总会计师是主管本单位财务会计工作的行政领导。根据规定,国有大中型企业(包括国有控股的大中型企业)必须设置总会计师。总会计师协助单位主要行政领导人工作,直接对单位主要行政领导人负责。总会计师不是一种专业技术职务,也不是会计机构的负责人或会计主管人员,而是一种行政职务。

六、会计人员的工作交接

（一）交接的范围

1. 会计人员调动工作、临时离职或因病不能工作,需要接替或代理的,会计机构负责人(会计主管人员)或单位负责人必须指定专人接替或者代理,并办理会计工作交接手续。

2. 临时离职或因病不能工作的会计人员恢复工作时,应当与接替或代理人员办理交接手续。

3. 移交人员因病或其他特殊原因不能亲自办理移交手续的,经单位负责人批准,可由移交人委托他人代办交接,但委托人应当对所移交的会计凭证、会计账簿、财务会计报告和其他有关资料的真实性、完整性承担法律责任。

（二）交接的程序

1. 交接前的准备工作

(1)已经受理的经济业务但尚未填制会计凭证的,应当填制完毕。

(2)尚未登记的账目应当登记完毕,结出余额,并在最后一笔余额后加盖经办人印章。

(3)整理好应该移交的各项资料,对未了事项和遗留问题要写出书面说明材料。

(4)编制移交清册,列明应该移交的会计凭证、会计账簿、财务会计报告、公章、现金、有价证券、支票簿、发票、文件和其他会计资料及物品,实行会计电算化的单位,应在移交清册上列明会计软件及密码、数据盘、磁带等内容。

(5)会计机构负责人(会计主管人员)移交时,应将财务会计工作、重大财务收支问题和会计人员等情况向接替人员介绍清楚。

2. 移交点收(逐项点收)

(1)现金要根据会计账簿记录余额进行当面点交,不得短缺。接替人员发现不一致或"白条抵库"现象时,移交人员在规定期限内负责查清处理。

(2)有价证券的数量要与会计账簿记录一致,有价证券面额与发行价不一致时,按照会计账簿余额交接。

(3)会计凭证、会计账簿、财务会计报告和其他会计资料必须完整无缺,不得遗漏。如有短缺,必须查清原因,并在移交清册中加以说明,由移交人负责。

(4)银行存款账户余额要与银行对账单核对相符,如有未达账项,应编制银行存款余额调节表调节相符;各种财产物资和债权债务的明细账户余额,要与总账有关账户的余额核对相符;对重要实物要实地盘点,对余额较大的往来账户要与往来单位、个人核对。

(5)公章、收据、空白支票、发票、科目印章以及其他物品等必须交接清楚。

(6)实行会计电算化的单位,交接双方应在电子计算机上对有关数据进行实际操作,确认有关数字正确无误后,方可交接。

3. 专人负责监交

(1)一般会计人员办理交接手续,由会计机构负责人(会计主管人员)监交。

（2）会计机构负责人（会计主管人员）办理交接手续,由单位负责人监交,必要时主管单位可以派人会同监交。主管部门派人会同监交的情况：

第一,所属单位负责人不能监交的。如因单位撤并而办理交接手续等。

第二,所属单位负责人不能尽快监交的。如主管单位责成所属单位撤换不合格的会计机构负责人（会计主管人员）,所属单位负责人却以种种借口拖延不办交接手续时,主管单位就应派人督促会同监交。

第三,不宜由所属单位负责人单独监交,而需要主管单位会同监交。如所属单位负责人与办理交接手续的会计机构负责人（会计主管人员）有矛盾,交接时需要主管单位派人会同监交,以防止发生单位负责人借机刁难等。

第四,主管单位认为交接中存在某种问题需要派人监交时,也可派人会同监交。

【边解边读】

（知识点）所谓监交,指监督办理会计工作交接手续。根据规定,办理交接手续的岗位不同,对监交人的要求也不同。

4. 交接后的有关事宜

（1）会计工作交接完毕后,交接双方和监交人在移交清册上签名或盖章,并应在移交清册上注明：单位名称、交接日期、交接双方和监交人的职务、姓名、移交清册页数以及需要说明的问题和意见。

（2）接管人员应继续使用移交前的账簿,不得擅自另立账簿,以保证会计记录前后衔接,内容完整。

（3）移交清册一般应填制一式三份,交接双方各执一份,存档一份。

（三）交接人员的责任

交接工作完成后,移交人员所移交的会计凭证、会计账簿、财务会计报告和其他会计资料是在其经办会计工作期间内发生的,应当对这些会计资料的真实性、完整性负责,即便接替人员在交接时因疏忽而没有发现所接会计资料在真实性、完整性方面的问题,如事后发现仍应由原移交人员负责,原移交人员不应以会计资料已移交而推脱责任。接替人员不对移交过来材料的真实性和完整性承担法律责任。

第六节　法律责任

【重点、难点、疑点解读及范例探究】

法律责任是指违反法律规定的行为应当承担的法律后果,通常可分为：民事责任、行政责任和所事责任。会计违法行为主要涉及行政责任和刑事责任两种。

一、法律责任的概念

(一)行政责任(一般违法行为)

《会计法》规定的行政责任的形式有两种——行政处罚和行政处分。

1. 行政处罚

行政处罚是指特定的行政主体基于一般行政管理职权,对其认为违反行政法上的强制性义务,违反行政管理程序的行政管理相对人所实施的一种行政制裁措施。行政处罚主要分为 6 种:警告,罚款,没收违法所得,没收非法财务,责令停产停业,暂扣或者吊销许可证、执照,行政拘留。此外,还有法律、行政法规规定的其他行政处罚。但《会计法》中涉及的行政处罚形式只有罚款和吊销会计从业资格证书。

2. 行政处分

行政处分是国家工作人员违反行政法律规范所应承担的一种行政法律责任,是行政机关对国家工作人员故意或者过失侵犯行政相对人的合法权益所实施的法律制。裁行政处分的形式有:警告,记过,记大过,降级,撤职,开除等。

(二)刑事责任(犯罪行为)

刑事责任包括两类:一是犯罪,二是刑罚。

1. 关于犯罪

2. 关于刑罚——主刑和附加刑

(1)主刑只能独立适用,不能附加适用,对犯罪分子只能判一种主刑。主刑分为管制、拘役、有期徒刑、无期徒刑和死刑。

(2)附加刑既可以独立适用又可以附加适用。即对同一犯罪行为,既可以在主刑之后判处一个或两个以上的附加刑,也可以独立判处一个或两个以上的附加刑。附加刑分为罚金、剥夺政治权利、没收财产。对犯罪的外国人,也可以独立或者附加适用驱逐出境。除上述刑罚措施外,还可以判处赔偿经济损失。对于犯罪情节轻微,不需要判处刑罚的,可根据情况予以训诫或者责令其悔过、赔礼道歉。

罚金——刑事责任

罚款——行政责任

刑事责任与行政责任不同,两者的主要区别是:

(1)追究的违法行为不同:被追究行政责任的行为是一般违法行为;被追究刑事责任的行为是犯罪行为;

(2)追究责任的机关不同:追究行政责任由国家特定的行政机关依照有关法律的规定决定;追究刑事责任只能由司法机关依照《刑法》的规定决定;

(3)承担的法律后果不同:追究刑事责任是最严厉的制裁,可以判处死刑,比追究行政责任严厉。

二、一般会计违法行为的法律责任

(一)会计违法行为

1. 不依法设置会计账簿的行为。

2. 私设会计账簿的行为。

3. 未按照规定填制、取得原始凭证,或者填制、取得的原始凭证不符合规定的行为。

4. 以未经审核的会计凭证为依据登记会计账簿,或者登记会计账簿不符合规定的行为。

5. 随意变更会计处理方法的行为。

6. 向不同的会计资料使用者提供的财务会计报告编制依据不一致的行为。

7. 未按照规定使用会计记录文字或者记账本位币的行为。

8. 未按照规定保管会计资料,致使会计资料毁损、灭失的行为。

9. 未按照规定建立并实施单位内部会计监督制度,或者拒绝依法实施的监督,或者不如实提供有关会计资料及有关情况的行为。

10. 任用会计人员不符合《会计法》规定的行为。

(二)会计违法行为应承担的法律责任

1. 责令限期改正。

2. 罚款。县级以上人民政府财政部门根据上述所列行为的性质、情节及危害程度,在责令限期改正的同时,可以对单位并处 3000 元以上 5 万元以下的罚款,对其直接负责的主管人员和其他直接责任人员,可以处以 2000 元以上 2 万元以下的罚款。

3. 给予行政处分(警告、记过、记大过、降级、撤职和开除)。

4. 吊销会计从业资格证书(县级以上人民政府财政部门执行)。

5. 依法追究刑事责任。

三、其他会计违法行为的法律责任

1. 伪造、变造会计凭证、会计账簿,编制虚假财务会计报告的法律责任。

《会计法》规定:"伪造、变造会计凭证、会计账簿,编制虚假财务会计报告,构成犯罪的,依法追究刑事责任。有前款行为,尚不构成犯罪的,由县级以上人民政府财政部门予以通报,可以对单位并处 5000 元以上 10 万元以下的罚款;对其直接负责的主管人员和其他直接责任人员,可以处 3000 元以上 5 万元以下的罚款;属于国家工作人员的,还应当由其所在单位或者有关单位依法给予撤职直至开除的行政处分;对其中的会计人员,由县级以上人民政府财政部门吊销会计从业资格证书。"

2. 隐匿或故意销毁依法应保存的会计资料的法律责任基本同伪造、变造类似。

3. 授意、指使、强令会计机构、会计人员及其他人员伪造、变造会计凭证、会计账簿,编制虚假财务会计报告或隐匿、故意销毁依法应保存的会计资料的法律责任。

【边解边读】

(知识点 1)授意——暗示;指使——明示;强令——强迫。

(知识点 2)罚款——县级以上人民政府财政部门可以视违法行为的情节轻重,对违法行为人处以 5000 元以上 5 万元以下的罚款。

4. 单位负责人对依法履行职责,抵制违反《会计法》规定行为的会计人员实行打击报复的法律责任。对受打击报复的会计人员,应当恢复其名誉和原有职务、级别。

行政责任的形式

(单位:元)

违法行为		违反会计法规行为	伪造、变造会计凭证、会计账簿、编制虚假财务会计报告	隐匿或者故意销毁依法应当保存的会计资料	授意、指使、强令会计机构、会计人员伪造、变造、编制、隐匿、故意销毁会计资料
行政责任(罚款)	单位	3000~5 万	5000~10 万	5000~10 万	
	直接责任人	2000~2 万	3000~5 万	3000~5 万	5000~5 万

刑事责任的形式

罪名	条件	处罚
逃税罪	偷税数额占应纳税额 10%~30%,并且偷税数额在 1 万元~10 万元或者三次因偷税受到行政处罚又偷税的	3 年以下有期徒刑或拘役,并处偷税数额 1~5 倍罚金
	偷税数额占应纳税额 30%以上,并且偷税数额在 10 万元以上	3~7 年有期徒刑,并处偷税数额 1~5 倍罚金
提供虚假会计报告罪		3 年以下有期徒刑或拘役,并处或单处 2 万元~20 万元罚金
提供虚假证照文件罪		5 年以下有期徒刑或拘役,并处罚金

【边解边读】

（知识点）偷税是指纳税人以不缴或者少缴税款为目的，采取伪造、变造、隐匿、擅自销毁账簿、记账凭证，在账簿上多列支出或者不列、少列收入，或采取各种不公开的手段，或者进行虚假纳税申报的手段，隐瞒真实情况，不缴或少缴税款，欺骗税务机关的行为。

【本章知识网络结构图】

会计法律制度
- 会计法律制度构成
  - 会计法律制度的概念
  - 会计与会计关系
  - 会计法律制度的构成
- 会计工作管理体制
  - 会计工作的行政管理
  - 会计工作的自律管理
  - 单位会计工作管理
- 会计核算
  - 会计核算的总体要求
  - 会计凭证
  - 财务会计报告
  - 会计档案
  - 其他（包括会计年度、记账本位币、会计处理方法）
- 会计监督
  - 单位内部会计监督
  - 会计工作的政府监督
  - 会计工作的社会监督
- 会计机构和会计人员
  - 会计机构的设置
  - 代理记账
  - 会计从业资格
  - 会计专业职务与会计专业技术资格
  - 会计工作岗位设置
  - 会计人员的工作交接
- 法律责任
  - 法律责任的概念
  - 一般会计违法行为的法律责任
  - 其他会计违法行为的法律责任

第二章　支付结算法律制度

【目标透视】

企业在进行经济贸易往来的同时，离不开相对应的支付结算。在我国，支付结算行为是在支付结算法律制度的指导下进行的。通过本章的学习，使学生了解并掌握支付结算的基本原则、具体要求、现金管理、银行结算账户以及支付结算工具、方式等内容，掌握填写票据和结算凭证的基本要求。尽管知识点较多，但是内容之间具有相关性，建议学生在学习的过程中采用比较式的学习方法。例如，对各种银行结算账户的异同比较，支付结算方式的异同比较等。

【学习要点及要求】

(一)支付结算的基本原则(了解)

(二)支付结算的具体要求(理解)

(三)现金管理的相关规定(会用)

(四)银行结算账户相关规定(掌握)

(五)支付结算方式(掌握)

第一节　支付结算法律制度概述

【重点、难点、疑点解读及范例探究】

一、支付结算的概念和特征

(一)概念

1. 支付结算是指单位、个人在社会经济活动中使用现金、票据、信用卡和结算凭证进行货币给付及资金清算的行为。其主要功能是完成资金从一方当事人向另一方当事人的转移，是一种法律行为。

2. 银行、信用合作社(城市、农村)以及单位和个人(含个体工商户)，是办理支付结算的主体。其中,银行是支付结算和资金清算的中介机构。

范例探究·单选题

在以下办理支付结算和资金清算的主体中,属于中介机构性质的是(   )。

A.银行　　　　　B.国家　　　　　C.企业　　　　　D.个人

[答案]　A

[解析]　本题考查支付结算的中介机构。根据《支付结算办法》的规定,银行是支付结算和资金清算的中介机构。

(二)特征

1. 支付结算必须通过中国人民银行批准的金融机构进行。

(1)支付结算的方式包括支票、银行本票、银行汇票、商业汇票、托收承付、委托收款、信用卡和汇兑等结算行为。

(2)《支付结算办法》规定:"银行是支付结算和资金清算的中介机构。未经中国人民银行批准的非银行金融机构和其他单位不得作为中介机构经营支付结算业务。但法律、行政法规另有规定的除外。"

【边解边读】

(知识点)银行在支付结算中充当中介机构的角色,以善意且符合规定的正常操作程序审查,对伪造、变造的票据和结算凭证上的签章以及需要交验的个人有效身份证件等资料,未发现异常而支付金额的,对出票人不再承担受委托的付款责任,对持票人(收款人)不再承担付款责任。同时,除国家法律另有规定外,银行不得为任何单位或者个人查询、冻结、扣款,不得停止单位、个人存款的正常支付。

2. 支付结算是一种要式行为,即法律规定的必须依照一定形式进行的行为,不符合则无效。

3. 支付结算的发生取决于委托人的意志。

4. 支付结算实行统一管理和分级管理相结合的管理体制。中国人民银行总行负责制定统一的支付结算制度,政策性银行、商业银行总行可以根据统一的支付结算制度,结合本行情况制定具体管理实施办法,报经中国人民银行总行批准后执行。

5. 支付结算必须依法进行。

【边解边读】

(知识点)政策性银行是按国家的产业政策进行投资、融资活动的金融机构,不以利润最大化为经营目标。我国的三大政策性银行:中国国家开发银行,中国进出口银行,中国农业发展银行。

二、支付结算的基本原则

(一)恪守信用,履约付款原则。

(二)谁的钱进谁的账,由谁支配原则。

(三)银行不垫款原则。银行在办理结算过程中,只负责办理结算当事人之间的款项划拨,不承担垫付任何款项的责任,但当银行作为汇票承兑人时,不能以银行和出票人之间的资金关系作为理由而拒绝付款,其具有绝对付款的义务。

三、支付结算的主要支付工具

按照是否使用票据作为结算工具,支付结算方式可以分为票据结算方式和非票据结算方式。票据结算方式包括支票、本票、汇票等工具。非票据结算方式一般包括现金、汇兑、委托收款、托收承付、信用卡、电子支付方式等。

(一)汇票

汇票是由出票人签发的,委托付款人在见票时或者在指定日期无条件支付确定的金额给收款人或者持票人的票据。我国《票据法》将汇票分为银行汇票和商业汇票。

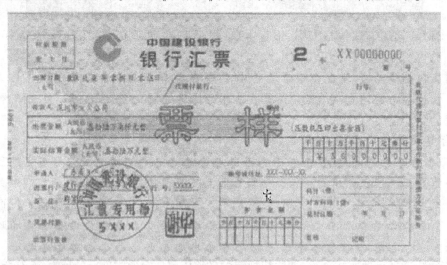

1. 银行汇票概述

(1)银行汇票是出票人签发的,委托付款人在见票时按照实际结算金额无条件支付给收款人或持票人的票据(银行本票、支票是确定的金额)。

(2)单位、个人在异地、同城或统一票据交换区域的各种款项结算,均可使用银行汇票

(银行本票、支票只限同城)。

(3)银行汇票可以用于转账。填明"现金"字样的银行汇票也可以用于支取现金(同银行本票、支票)。申请人或收款人为单位的,不得在银行汇票申请书填明"现金字样"。

2. 银行汇票必须记载的事项(绝对记载事项)

表明"银行汇票"的字样、无条件支付的委托、确定的金额(出票金额)、付款人名称、收款人名称、出票日期及出票人签章。欠缺绝对记载事项之一的,银行汇票无效。票据金额以中文大写和数字同时记载的,二者必须一致,如不一致,则票据无效。

3. 银行汇票的提示付款期限

银行汇票的提示付款期限为自出票日起1个月内。持票人超过付款期限提示付款的,代理付款人不予受理,但出票人应接受持票人的追索。

4. 银行汇票的办理和使用要求

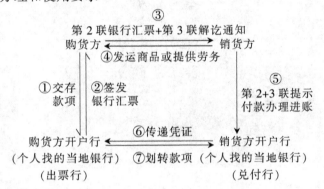

(1)申请。

(2)出票。出票银行受理银行汇票申请书,收妥款项后签发银行汇票。用压数机压印的汇款金额并加盖印章,将银行汇票和解讫通知一并交给申请人,申请人方可交付收款人。

(3)交付给收款人。收款人应审查出票金额、出票日期、收款人名称是否更改,更改的其他记载事项是否由原记载人签章证明。未填明实际结算金额和多余金额或实际结算金额超过出票金额的,银行不予受理。银行汇票的实际结算金额不得更改,更改实际结算金额的银行汇票无效。

(4)流通转让。收款人可以将银行汇票背书转让给被背书人。

【边解边读】

(知识点)

背书示意图

被背书人:甲公司	被背书人:乙公司	被背书人:丙公司
A公司财务专用章　　张三印章	甲公司财务专用章　　李四印章	乙公司财务专用章　　王五印章

根据规定,以背书转让的过程应当连续。背书连续是指在票据转让中,转让汇票的背书人与受让汇票的被背书人在汇票上的签章依次前后衔接。

(5)提示付款。持票人向开户银行提示付款时,必须同时提交银行汇票和解讫通知,缺少任何一联,银行不予受理。

(6)退款和丧失。银行汇票的实际结算金额低于出票金额的,其多余金额由出票银行退交申请人。银行汇票丧失,失票人可以凭人民法院出具的其享有票据权利的证明,向出票银行请求付款或退款。

(二)本票

1. 银行本票概述

(1)我国《票据法》规定,本票仅限于银行本票。银行本票可背书转让,填明"现金"字样的银行本票不能背书转让。

(2)银行本票是银行签发的,承诺自己在见票时无条件支付确定的金额给收款人或者持票人的票据。

(3)单位和个人在同一票据交换区域(同城或规定区域内)需要支付各种款项,均可以使用银行本票。

(4)银行本票可以用于转账,填明"现金"字样的银行本票,也可以用于支付现金,提取现金的银行本票的收款人和申请人均为个人。

(5)银行本票分为定额本票和不定额本票两种。定额银行本票面额为1000元、5000元、1万元和5万元。

2. 银行本票必须记载的事项

表明"银行本票"的字样、无条件支付的承诺、确定的金额、收款人名称、出票日期以及出票人签章。欠缺记载以上事项之一的,银行本票无效。

3. 银行本票的提示付款期限

银行本票的提示付款期限,自出票日起最长不得超过2个月(银行汇票1个月,支票10天)。

4. 银行本票的办理和使用要求

(1)申请。申请人或收款人为单位的,不得申请签发现金银行本票。

(2)出票。出票银行受理银行本票申请书,收妥款项后签发银行本票。用于转账的,在银行本票上划去"现金"字样。申请人和收款人均为个人需要支取现金的,在银行本票上划去"转账"字样。出票银行在银行本票上签章后交给申请人。

(3)交款。收款人应审查各种事项。

(4)流通转让——背书。

(5)提示付款。

(6)退款和丧失。

(三)支票
(四)信用卡 〕以上三种支付工具详见本章第四节
(五)汇兑

(六)托收承付(异地托收承付)

1. 托收承付概述

托收承付是指根据购销合同由收款人发货后委托银行向异地付款人收取款项,由付款人向银行承认付款的结算方式。托收承付方式下结算款项划回的方式,分为邮寄划回和电报划回两种,由收款人选用。

2. 结算起点

每笔的金额起点为 1 万元。新华书店系统每笔的金额起点为 1000 元。

3. 托收承付的适用范围

(1)收、付款单位,必须是国有企业、供销合作社以及经营管理较好,并经开户银行审查同意的城乡集体所有制工业企业。

(2)结算的款项必须是商品交易,以及因商品交易而产生的劳务供应的款项。

(3)必须签有购销合同,并在合同上订明使用托收承付结算方式。

(4)收款人办理托收,必须有商品确已发运的证件(包括铁路、航运、公路等运输部门签发的运单、运单副本和邮局包裹回执等)。

【边解边读】

(知识点)购货单位承付货款有验单付款和验货付款两种方式。验单付款是根据银行转来的托收承付结算凭证及其他单证,与经济合同核对无误后,承付货款。验货付款是指在收到收款单位商品验收无误后,才承付货款。

4. 拒绝付款

如果购货单位经过验单或验货,发现销货单位托收款项计算有错误,或者商品品种、质量、规格、数量与合同规定不符时,购货单位在承付期内有权全部或部分拒付货款。

(七)委托收款(同城、异地皆可使用)

1. 委托收款概述

委托银行收款是收款人委托银行向付款人收取款项的结算方式。该结算方式中有关结算款项划回的方式,分为邮寄划回和电报划回两种,由收款人选用。

2. 适用范围

无论是同城还是异地都可使用,既适用于在银行开立账户的单位和个体经济户各种款项的结算,也适用于水电、邮电、电话等劳务款项的结算,单位和个人凭已承兑的商业汇票、债券、存单(定期储蓄存款、活期储蓄存款)等付款人债务证明办理款项的结算,均可以使用委托收款的结算方式。

3. 委托收款结算不受金额起点限制。

四、支付结算过程中的主要法律依据

支付结算的主要法律依据有:《票据法》《票据管理实施办法》《支付结算办法》《中国人民银行银行卡业务管理办法》《人民币银行结算账户管理办法》《异地托收承付结算办法》《电子支付指引(第1号)》等。

五、办理支付结算的具体要求

(一)开立、使用账户的法律依据

单位、个人和银行应当按照《人民币银行结算账户管理办法》的规定开立、使用账户。

(二)办理支付结算工具的要求

单位、个人和银行办理支付结算,必须使用按中国人民银行统一规定印制的票据和结算凭证。票据和结算凭证是办理支付结算的工具。未使用按中国人民银行统一规定印制的票据,该票据无效。未使用中国人民银行统一规定格式的结算凭证,银行则不予受理。

(三)填写票据和结算凭证的基本要求

1. 中文大写数字应用正楷或行书填写,不得自造简化字。如应用壹、贰、叁、肆、伍、陆、柒、捌、玖、拾、佰、仟、万、亿、元、角、分、零、整(正)等字样,但不得用一、二、三、四、五、六、七、八、九、十、廿、毛、另(或0)填写。如果金额数字书写中使用繁体字,也应受理。少数民族地区和外国驻华使领馆根据实际需要,金额大写可以使用少数民族文字或外国文字记载。

柒　　染　　玖
√　　×　　√

佰　仟　仍　万
　　×　　√

2. 中文大写数字到"元"为止的,在"元"之后,应写"整"(或"正")字,在"角"之后可以不写"整"(或"正")字。大写金额数字有"分"的,数字最后一位绝对不能写"整"(或"正")字。

"元"必须写	¥365 人民币叁佰陆拾伍元整
"角"可写可不写	¥365.50
"分"绝对不能写	¥365.52

3. 中文大写金额数字前应标明"人民币"字样,大写金额数字应紧接"人民币"字样填写,不得留有空白。大写金额数字前未印"人民币"字样的,应加填"人民币"三个字。

4. 阿拉伯小写数字中间有"0"时,中文大写应按照汉语语言规律、金额数字构成和防止涂改的要求进行书写。举例如下:

(1)阿拉伯数字中间有"0"时,中文大写金额要写"零"字。如2306.50元,应写成"人民币贰仟叁佰零陆元五角"。

(2)阿拉伯数字中间连续有几个"0"时,中文大写金额中间可以只写一个"零"字。如5006.21元,应写成"人民币伍仟零陆元贰角壹分"。

(3)阿拉伯金额数字万位或元位是"0",或者数字中间连续有几个"0",万位、元位也是"0",但千位、角位不是"0"时,中文大写金额中间可以只写一个"零"字,也可以不写"零"字。如2560.23元,应写成"人民币贰仟伍佰陆拾元零贰角叁分",或者写成"人民币贰仟伍佰陆拾元贰角叁分",又如302000.55元,应写成"人民币叁拾万贰仟元零五角五分",或者写成"人民币叁拾万零贰仟元五角五分"。

(4)阿拉伯金额数字角位是"0",而分位不是"0"时,中文大写金额"元"字后面应写"零"字。如78401.09元,应写成"人民币柒万捌仟肆佰零壹元零玖分";又如937.06元,应写成"人民币玖佰叁拾柒元零陆分"。

(5)阿拉伯小写金额数字前面,均应填写人民币符号"¥"。阿拉伯小写金额数字要认真填写,不得连写,以免分辨不清。

5. 票据的出票日期必须使用中文大写。为防止变造票据的出票日期,在填写月、日时,月为壹、贰和壹拾的,日为壹至玖和壹拾、贰拾和叁拾的,应在其前加"零"。日为拾壹至拾玖的,应在其前加"壹"。

票据出票日期使用小写填写的,银行不予受理。大写日期未按要求规范填写的,银行可予受理,但由此造成损失的,由出票人自行承担。

(四)填写要求

填写票据和结算凭证应当规范,做到要素齐全,数字正确,字迹清晰,不错不漏,不潦草,防止涂改。单位和银行的名称应当记载全称或者规范化的简称。票据和结算凭证金额应以中文大写和阿拉伯数字同时记载,两者必须一致,两者不一致的票据无效,两者不一致的结算凭证,银行不予受理。

(五)对签章与记载事项的要求

票据和结算凭证上的签章和其他记载事项应当真实,不得伪造、变造。票据和结算凭证的金额、出票或签发日期、收款人名称不得更改,更改的票据无效,更改的结算凭证,银行不予受理。对票据和结算凭证上的其他记载事项,原记载人可以更改,更改时应当由原记载人在更改处签章证明。票据和结算凭证上的签章,为签名、盖章或者签名加盖章。单位、银行在票据和银行在结算凭证上的签章,为该单位、银行的盖章加其法定代表人(或者其授权的代理人)的签章。个人在票据和结算凭证上的签章,为个人本名的签名或盖章。

第二节 现金管理

【重点、难点、疑点解读及范例探究】

现金是企业中流动性最强的货币性资产,是可以立即投入流通的交换媒介,可以用其购买所需物资,支付有关费用,偿还债务,也可以存入银行。企业为保证生产经营活动的正常进行,必须拥有一定数额的现金,用以购买材料、发放工资、缴纳税金、支付手续费或进行对外投资活动。现金管理在企业日常会计工资乃至经营管理活动中起着至关重要的作用。

一、开户单位使用现金的范围(《现金管理暂行条例》)

1. 职工工资、津贴;

2. 个人劳务报酬(如稿费、外聘教师讲课费、安装费、化验费、表演费等);

3. 根据国家规定颁发给个人的科学技术、文化艺术、体育等各种奖金;

4. 各种劳保、福利费用以及国家规定的对个人的其他支出(如退休金、抚恤金、助学金等);

5. 向个人收购农副产品和其他物资的价款(如金银、工艺品、废旧物资等价款);

6. 出差人员必须随身携带的差旅费;

7. 结算起点(1000 元)以下的零星支出,超过起算点的应实行银行转账结算,结算起点的调整由中国人民银行确定,报国务院备案,但 5、6 两项除外;

8. 中国人民银行确定需要支付现金的其他支出(如采购地点不确定,交通不便,抢险救灾以及其他特殊情况办理转账不方便时,必须使用现金的支出)。

二、现金使用的限额

(一)库存现金限额管理,限额核定原则和方法

1. 库存现金限额是指为保证各单位日常零星支付的需要,按规定允许留存的现金的最高数额。

2. 限额一般按照单位 3~5 天日常零星开支所需的现金数额确定。远离银行机构或交通不便的开户单位,其库存现金的限额核定天数可适当放宽到 5 天以上,但最多不得超过15天的日常零星开支需要量。

(二)库存现金限额的办理

开户单位与开户银行协商核定库存现金限额,开户单位填写"库存现金限额申请批准书",单位主管部门签署意见,报开户银行审批。

(三)现金的坐支

《现金管理暂行条例》及其实施细则规定,开户单位支付现金可以从本单位的限额库存中支付,或者从开户银行提取,不得擅自从本单位的现金收入中直接支出(即坐支)。因特殊

原因需要坐支现金的,应当事先报经开户银行审查批准,由开户银行核定坐支范围和限额。坐支单位应当定期向开户银行报送坐支金额和使用情况。

三、现金收支的基本要求

(一)现金收入业务的办理要求

1. 单位现金收入应于当日送存开户银行。当日送存有困难的,由开户银行确定送存时间。

2. 现金的提取:一般由出纳人员填写"现金支票",到开户银行提取现金。

(二)现金支出业务的办理要求

1. 现金支出的主要用途

支付职工工资及津贴,支付农副产品收购价款,本单位出差人员差旅费,支付备用金,零星购置办公用品等。

2. 现金支出业务的处理程序

(带证明)		(按权限)		(查要素)		(交出纳)
支付申请	→	支付审批	→	支付复核	→	办理支付

3. 大额现金支付应当实行集体决策、审批,并登记备案制度。

4. 严禁未授权的机构或人员办理货币资金业务或直接接触货币资金。

四、建立并健全现金核算与内部控制

(一)钱账分管制度——管钱的不管账,管账的不管钱

一方面,出纳人员负责办理现金收付业务和现金保管业务,非出纳人员不得兼管现金收付业务和现金保管业务;另一方面,出纳人员不得兼管稽核、会计档案保管以及收入、费用、债权、债务账目的登记工作。

【边解边读】

(知识点)规模较大的企业,出纳人员应将每天收支现金数额登记于现金出纳备查簿,现金日记账与现金总账由其他人员登记。规模小的企业,可用现金日记账代替现金出纳备查簿,由出纳人员登记,但现金总账的登记工作须由其他职员担任。

(二)现金收支授权批准制度

1. 明确本单位现金开支范围。

2. 制定各种报销凭证,规定报销手续和具体办法。

3. 确定各种现金开支业务的授权批准权限。对于重要的现金支付业务,实行集体决策和审批等。

4. 严格执行现金支付业务办理程序。

5. 重点检查货币资金支出的授权批准手续是否健全,是否存在越权审批行为。

(三)日清月结制度

按日清理,按日结账。

(四)现金清查制度

清查小组定期或不定期进行清查盘点。清查时出纳人员应始终在场。

（五）现金管理制度

1. 超过库存限额的现金应当在当日下班前送存开户银行。

2. 日常业务收付的现金及限额内的库存现金，一律存放在专用保险柜内。

3. 单位的库存现金不准以个人名义存入银行，不准保留账外公款。

4. 不准用不符合制度规定的凭证顶替库存现金，即不得"白条抵库"。

5. 对库存现金应实行分类保管。

6. 保险柜的配备使用制度。保险柜内不得存放私人财物。更换出纳人员，应相应地更换保险柜密码。

7. 库存现金的其他内部牵制制度

(1)签发收据和发票应与收取现金分开，即开票与收款应由两人分工办理。

(2)建立收据的领、销制度。领用收据须由经领人签字，登记领用数量和起讫编号。收据存根的回收，应履行收据保管人员的签收手续。

(3)一切现金收入，都应开具收款收据或发票；一切现金支出，都应取得有关原始凭证。

(4)现金支票和银行印鉴必须有两人分别保管。

(5)定期或不定期进行出纳岗位轮换。

8. 不准单位之间互相借用现金。

9. 不准谎报用途，套用现金。

10. 不准发生变相货币。

11. 不准利用银行账户代其他单位和个人存入、支取现金。

12. 不准以任何票券代替人民币在市场上流通。

第三节　银行结算账户

【重点、难点、疑点解读及范例探究】

一、银行结算账户的概念

银行结算账户是指存款人在经办银行开立的办理资金收付结算的人民币活期存款账户。

二、银行结算账户的分类

（一）按照用途划分

按照用途的不同，可分为基本存款账户、一般存款账户、专用存款账户和临时存款账户（四种单位账户的使用范围是重点）。

存款人开立基本存款账户、临时存款账户和预算单位开立专用存款账户都实行核准制，必须经过中国人民银行核准后由开户银行核发开户许可证方可办理。但存款人因注册验资需要而开立的临时存款账户不需要中国人民银行核准。

财政部门为实行财政国库集中支付的预算单位在商业银行开设的零余额账户（简称预算单位零余额账户），按专用存款账户管理。

（二）按照存款人划分

按照存款人的不同，可分为单位银行结算账户和个人银行结算账户。

1. 单位银行结算账户——以单位名称开立

个体工商户凭营业执照以字号或者经营者姓名开立的银行结算账户纳入单位银行结算账户管理。

2. 个人银行结算账户——凭个人身份证以自然人名称开立

个人因投资、消费而使用各种支付工具，包括借记卡、信用卡等在银行开立的银行结算账户，纳入个人银行结算账户管理。

三、银行结算账户管理的基本原则

（一）一个基本账户原则

单位银行结算账户的存款人只能在银行开立一个基本存款账户。

（二）自主选择银行开立银行结算账户原则

存款人可以根据需要自主选择银行，除国家法律、行政法规和国务院另有规定外，任何单位和个人不得强令存款人到指定银行开立银行结算账户。

（三）守法合规原则

不得利用银行结算账户进行偷逃税款、逃避债务、套取现金及其他违法犯罪活动。

（四）存款信息保密原则

除国家法律、行政法规另有规定外，银行有权拒绝任何单位或个人查询相关存款信息。

四、银行结算账户的开立、变更和撤销

（一）银行结算账户的开立

1. 银行结算账户的开立程序

主要程序为：提交开户申请书、有关证明材料，签订账户管理协议，开户银行审查，向人民银行当地支行备案或核准，中国人民银行核准，资料退回报送银行，开户银行颁发开户许可证。

银行应将存款人的开户申请书、相关的证明文件和银行审核意见等开户资料报送中国人民银行当地分行，经其核准后办理开户手续；对符合开立一般存款账户、其他专用存款账户和个人银行结算账户条件的，银行应办理开户手续，并于开户之日起 5 个工作日内，通过账户管理系统向中国人民银行当地分行备案；银行为存款人开立一般存款账户、其他专用存款账户的，应自开户之日起 3 个工作日内书面通知基本存款账户的开户银行。

2. 开立银行结算账户应注意的问题

银行应建立存款人预留签章卡片。存款人为单位的，其预留签章为该单位的公章或财务

专用章及其法定代表人(单位负责人)或其授权的代理人的签名或者盖章。

(二)银行结算账户的变更

银行结算账户的变更是指存款人的账户信息资料发生的变化或改变,主要为存款人名称、单位法定代表人、住址以及其他开户资料的变更。

1. 存款人更改名称,但不改变开户银行及账号的,应于5个工作日内向开户银行提出银行结算账户的变更申请,并出具有关部门的证明文件。

2. 单位的法定代表人或主要负责人、住址以及其他开户资料发生变更时,应于5个工作日内书面通知开户银行并提供有关证明。

3. 银行接到存款人的变更通知后,应及时办理变更手续,并于2个工作日内向中国人民银行报告。

(三)银行结算账户的撤销

1. 撤销情形(有以下情形之一的)

(1)被撤并解散、宣告破产或关闭的;

(2)注销、被吊销营业执照的;

(3)因迁址需要变更开户银行的;

(4)其他原因需要撤销银行结算账户的。

均为公司不存在

2. 不得撤销的情形

存款人尚未清偿其开户银行债务的,不得申请撤销银行结算账户。

3. 未发生业务账户的撤销

开户银行对已开户1年,但未发生任何业务的账户,应通知存款人自发出通知30日内到开户银行办理销户手续,逾期(自发出通知30日内)视同自愿销户。

五、基本存款账户

基本存款账户是指存款人因办理日常转账结算和现金收付需要而开立的银行结算账户。

(一)使用范围

基本存款账户是存款人的主要账户。一个单位只能选择一家银行的一个营业机构开立基本存款账户,开立基本存款账户是开立其他银行结算账户的前提。其使用范围包括存款人日常经营活动的资金收付及其工资、奖金和现金的支取。

(二)基本存款账户的开户要求

1. 可以申请开立基本存款账户的单位:凡是具有民事权利能力和民事行为能力,并依法独立享有民事权利和承担民事义务的法人和其他组织(几乎是独立核算的所有组织),均可以开立基本存款账户。如个体工商户,单位附属独立核算的食堂、招待所、幼儿园等,都可以开立基本存款账户。

2. 需出具的文件。营业执照正本、批文、证明或登记证,如有税务登记证也需出具。

（三）开立基本存款账户的程序

1. 填制开户申请书；

2. 提供规定的证件；

3. 送交单位印章、法人代表印章的印签卡片；

4. 经银行审核同意，送交中国人民银行当地分支行核准后，由开户银行核发开户登记证，即可开立该账户。

六、一般存款账户

一般存款账户是指存款人因借款或其他结算需要，在基本存款账户开户银行以外的银行营业机构开立的银行结算账户。

（一）一般存款账户的使用范围

一般存款账户用于办理存款人借款转存、借款归还和其他结算的资金收付。该账户可以办理现金缴存，但不得办理现金支取。

（二）一般存款账户的开户要求

存款人开立一般存款账户没有数量限制，需要向开户银行出具下列证明文件：

1. 开立基本存款账户规定的证明文件。

2. 基本存款账户开户许可证。

3. 存款人因向银行借款需要，应出具的借款合同。

4. 存款人因资金结算需要，应出具的有关证明。

（三）开立一般存款账户的程序

开立一般存款账户实行备案制，无需中国人民银行核准。

七、专用存款账户

专用存款账户是指存款人按照法律、行政法规和规章，对有特定用途的资金进行专项管理和使用而开立的银行结算账户。

（一）专用存款账户的使用范围

专用存款账户使用范围包括：基本建设资金，更新改造资金，财政预算外资金，粮、棉、油收购资金，证券交易结算资金，期货交易保证金，信托基金，金融机构存放同业资金，政策性房地产开发资金，单位银行卡备用金，住房基金，社会保障基金，收入汇缴资金和业务支出资金，党、团、工会设在单位的组织机构经费和其他需要专项管理和使用的资金。

1. 单位银行卡账户的资金必须由其基本存款账户转账存入。该账户不得办理现金收付业务。

2. 财政预算外资金、证券交易结算资金、期货交易保证金和信托基金专用存款账户不得支取现金。

3. 基本建设资金、更新改造资金、政策性房地产开发资金以及金融机构存放同业资金账户需要支取现金的，应在开户时报中国人民银行当地分支行批准。

4. 粮棉油收购资金、社会保障基金、住房基金和党、团、工会经费等专用存款账户支取现金的,应按照国家现金管理的规定办理。

5. 收入汇缴账户除向其基本存款账户或预算外资金财政专用存款账户划缴款项外,只收不付,不得支取现金。

（二）专用存款账户开户要求

符合专用存款账户的使用范围即可。

（三）开立专用存款账户的程序

1. 预算单位专用存款账户的设立,开户银行对其核准后办理开户手续,与基本存款账户的核准程序相同。

2. 预算单位之外的专用存款账户,银行应当办理开户手续,并于开户之日起5个工作日内,向中国人民银行当地分支行备案。

八、临时存款账户

（一）临时存款账户的使用范围

临时存款账户是指存款人因临时需要并在规定期限内使用而开立的银行结算账户。

有下列情况的,存款人可以申请开立临时存款账户：

1. 设立临时机构,如设立工程指挥部、摄制组、筹备领导小组等(1个)。

2. 异地临时经营活动,如建筑施工及安装(不超过项目合同个数)单位等在异地的临时经营活动(1个)。

3. 注册验资。

4. 境外(含港澳台地区)机构在境内从事经营活动等。

（二）临时存款账户开户要求（提供的证明文件）

1. 临时机构应出具其驻在地主管部门同意设立临时机构的批文。

2. 异地建筑施工及安装单位,应出具其营业执照正本或其隶属单位的营业执照正本,以及施工及安装地建设主管部门核发的许可证或建筑施工及安装合同。

3. 异地从事临时经营活动的单位,应出具其营业执照正本以及临时经营地工商行政管理部门的批文。

4. 注册验资资金,应出具工商行政管理部门核发的企业名称预先核准通知书或有关部门的批文。

（三）开立临时存款账户的程序

开立临时存款账户的核准程序与基本存款账户的核准程序相同，除验资需要所开立的临时存款账户外，还应出具其基本存款账户开户登记证。

（四）临时存款账户使用中应注意的问题

1. 临时存款账户支取现金,应按照国家现金管理的规定办理。注册验资的临时存款账户在验资期间只收不付,注册验资的资金汇缴人应与出资人的名称一致。

2. 临时存款账户的有效期最长不得超过2年。

九、个人银行结算账户

(一)使用范围

个人银行结算账户用于办理个人转账收付和现金存取,而储蓄账户仅限于办理现金存取业务,不得办理转账结算业务。

(二)开户要求

1. 使用支票、信用卡等信用支付工具的,办理汇兑、定期借记、定期贷记、借记卡等结算业务的,可以申请开立个人银行结算账户。

(1)定期借记是指由收款人定期对付款人的开户银行发起的,委托付款人开户银行按照约定扣划付款人的款项给收款人的资金转账业务,如代付水、电、话费。

(2)定期贷记是指银行按照付款人的付款凭证,定期将款项划付给收款人的资金转账业务,如代发工资。

2. 出具的证明文件,包括身份证、户口簿、驾驶执照、护照等有效证件。

(三)开立个人银行结算账户的程序

(四)个人银行结算账户使用中应注意的问题

1. 单位从其银行结算账户支付给个人银行结算账户的款项,每笔超过5万元的,应向其开户银行提供付款依据(如奖励证明,借款合同,农副、矿产品购销合同等合法款项证明)。

2. 从单位银行结算账户支付给个人银行结算账户的款项应纳税的,税收代扣单位付款时应向其开户银行提供完税证明。

3. 储蓄账户仅限于办理现金存取业务,不得办理转账结算业务。

4. 将单位款项转入(或者背书)个人银行结算账户的,应向开户银行提供收款依据。

5. 单位银行结算账户支付给个人银行结算账户款项的,银行应按有关规定,认真审查付款依据或收款依据的原件,并留存复印件,按会计档案保管。

十、异地银行结算账户

存款人有下列情形之一的,可以在异地开立有关银行结算账户:

1. 营业执照注册地与经营地不在同一行政区域(跨省、市、县)需要开立基本存款账户,但应出具注册地中国人民银行分支行的未开立基本有效账户证明;

2. 因办理异地借款和其他结算而需要开立一般存款账户,但应出具借款合同时;

3. 存款人因附属的非独立核算单位或派出机构发生的收入汇缴或业务支出需要开立专用存款账户(如回笼异地货款、支付异地营销开支),但应出具隶属单位证明的;

4. 异地临时经营活动需要开立临时存款账户的(如文艺团体在异地的演出活动、生产厂家在异地的展销活动等);

5. 自然人根据需要在异地开立个人银行结算账户,与前述开立个人存款账户要求相同。

十一、银行结算账户的管理

（一）中国人民银行的管理

1. 负责监督检查银行结算账户的开立和使用,对存款人、银行违反银行结算账户管理规定的行为予以处罚。

2. 对银行结算账户的开立和使用实施监控和管理。

3. 负责基本存款账户、临时存款账户和预算单位专用存款账户开户登记证的管理。任何单位及个人不得伪造、变造及私自印制开户登记证。

（二）开户银行的管理

监督和检查所属营业机构银行执行情况,纠正违法违规行为。

（三）存款人的管理——预留银行签章

遗失预留公章或财务专用章的,更换预留式样。存款人还应加强对开户许可证的管理和妥善保管密码。

十二、违反银行账户结算管理制度的罚则

（一）存款人违反账户管理制度的处罚

处罚分四种情况,每种情况中的存款人又分非经营性的存款人和经营性的存款人。对非经营性的存款人的罚款金额都是 1000 元,对经营性的存款人的罚款金额有两种,一种是 1 万元以上 3 万元以下的罚款,另一种是 5000 元以上 3 万元以下的罚款。违反账户管理制度的具体表现有:违反规定,将单位款项转入个人银行结算账户;违反规定支取现金;利用开立银行结算账户逃避银行债务;出租、出借银行结算账户;从基本存款账户之外的银行结算账户转账存入,将销货收入存入或现金存入单位信用卡账户。

（二）银行及其有关人员违反账户管理制度的处罚（在银行结算账户的开立过程中）

1. 以下行为给予警告,并处以 5 万元以上 30 万元以下的罚款:

(1)违反本办法规定,为存款人多头开立银行结算账户;

(2)明知或应知是单位资金,而允许以自然人名称开立账户存储。

2. 其他行为给予警告,并处以 5000 元以上 3 万元以下的罚款。

【边解边读】

（知识点）

银行结算账户相关规定比较表

账户种类	现金缴存	现金支取
基本存款账户	√	√
一般存款账户	√	×
临时存款账户	√	√
个人银行账户	√	√
专用存款账户	不同资金规定不同	不同资金规定不同

第四节 票据结算方式

【重点、难点、疑点解读及范例探究】

一、票据的概念和种类

(一)概念

票据的要领有广义和狭义之分。广义的票据包括各种有价证券和凭证,如股票、国库券、发票等。狭义的票据是指《票据法》所规定的由出票人依法签发的,约定自己或者委托付款人在见票时或指定的日期,向收款人或持票人无条件支付一定金额并可转让的有价证券。

(二)票据的种类

在我国,票据包括支票、银行汇票、商业汇票和银行本票。

二、支票

(一)支票的概念

支票是出票人签发的,委托办理支票存款业务的银行,在见票时无条件支付确定的金额给收款人或者持票人的票据。适用于在同一票据交换区域需要支付各种款项的单位和个人。

(二)支票的种类——现金支票、转账支票和普通支票

现金支票只能用于支取现金,转账支票只能用于转账,普通支票可以用于支取现金,也可用于转账。在普通支票左上角划两条平行线的是划线支票,划线支票只能用于转账,不能支取现金。

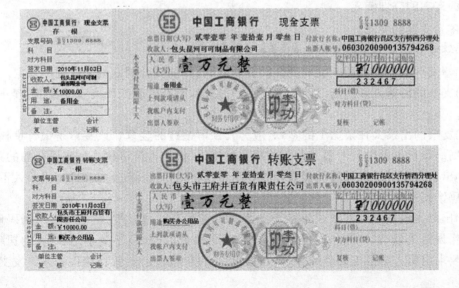

（三）支票的出票

1. 支票的出票人是单位和个人，支票的付款人为支票上记载的出票人开户银行。支票的付款地为付款人所在地。

2. 支票必须记载事项：表明"支票"的字样,无条件支付的委托,确定的金额,付款人名称,出票日期,出票人签章。

欠缺记载任何一项的，支票都为无效。支票的金额及收款人名称可以由出票人授权补记,未补记前不得背书转让。

3. 支票在其票据交换区域内可以背书转让,但用于支取现金的支票不能背书转让。

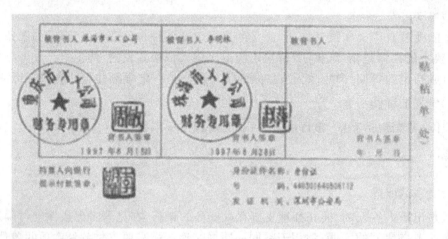

（四）支票的付款

支票的提示付款期限为自出票日起 10 日内,超过提示付款期限提示付款的,持票人开户银行不予受理,付款人可以不予付款,但仍应当对持票人承担票据责任;出票人在付款人处的存款足以支付支票金额时,付款人应当在见票当日足额付款。

（五）支票的办理要求

1. 签发支票的要求

(1)签发支票应使用碳素墨水或黑色字迹填写。

(2)签发现金支票和用于支取现金的普通支票,必须符合国家现金管理的规定。

(3)支票的出票人签发支票的金额不得超过付款时在付款人处实有的金额,禁止签发空头支票。

(4)支票的出票人在票据上的签章,应为其预留银行的签章。该签章是银行审核支票付款的依据。银行也可以与出票人约定使用支付密码,作为银行审核支付支票金额的条件。

(5)出票人不得签发与其预留银行签章不符的支票。使用支付密码的,出票人不得签发支付密码错误的支票。

(6)出票人签发空头支票或签章与预留银行签章不符的支票,在使用支付密码地区,支付密码错误的支票,银行应予以退票,并按票面金额处以 5%但不低于 1000 元的罚款;持票人有权要求出票人赔偿支票金额 2%的赔偿金。对屡次签发的,银行应停止其签发支票。

2. 兑付支票的要求

(1)持票人可以委托开户银行收款或直接向付款人提示付款。用于支取现金的支票,仅限于收款人向付款人提示付款。

(2)持票人持用于转账的支票向付款人提示付款时,应在支票背面"背书人签章栏"签章,并将支票和填制的进账单送交出票人开户银行。

(3)收款人持用于支取现金的支票向付款人提示付款时,应在支票背面"收款人签章"处签章;持票人为个人的,还需验本人身份证件,并在支票背面注明证件名称、号码及发证机关。

银行汇票、银行本票与支票必须记载事项的异同

种类	相同点	不同点1	不同点2
银行汇票	1. 表明"××票"的字样;2. 无条件支付的承诺(或委托);	付款人名称	收款人名称
银行本票	3. 确定的金额;4. 出票日期;5. 出票人签章。	无	收款人名称
支票	注意:均无付款日、出票地等记载事项。	付款人名称	无(授权补记)

三、商业汇票

(一)商业汇票的概念和种类

1. 商业汇票是指收款人或付款人(或承兑申请人)签发,由承兑人承兑,并于到期日向收款人或被背书人支付款项的票据。

商业汇票的收款人、付款人或承兑申请人一般指供货或购货单位。商业汇票的付款人为承兑人,其付款地为承兑人所在地。

2. 商业汇票按承兑人的不同,可以分为商业承兑汇票和银行承兑汇票两种。

(1)商业承兑汇票是指由收款人或付款人签发,经付款人承兑的汇票。

(2)银行承兑汇票是指收款人或承兑申请人签发,并由承兑申请人向开户银行提出申请,经银行审查后同意承兑的汇票。

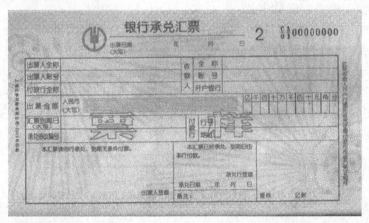

(二)商业汇票的出票

出票人不得签发无对价的商业汇票,用以骗取银行或其他票据当事人的资金。

（三）商业汇票的承兑

商业汇票可以由付款人签发，也可以由收款人签发，但都必须经过承兑人承兑。只有经过承兑的商业汇票才具有法律效力，承兑人负有到期无条件付款的责任。

商业承兑汇票的付款期限，由交易双方商定，最长不得超过6个月。

（四）商业汇票的付款

商业汇票的提示付款期限为自汇票到期日起10日内。

（五）商业汇票的背书

1. 商业汇票均可以背书转让。背书必须记载下列事项：

（1）被背书人名称；

（2）背书人签章。

未记载上述事项之一的，背书无效。

2. 票据出票人在票据正面记载"不得转让"字样的，票据不得转让（丧失流通性）。其直接后手再背书转让的，出票人对其直接后手的被背书人不承担保证责任，对被背书人提示付款或委托收款的票据，银行不予受理。

3. 将汇票的一部分转让的背书或者将汇票金额分别转让给2人以上的，背书无效。

（六）商业汇票的保证

1. 商业承兑汇票的债务可以由保证人承担保证责任。保证人必须由票据债务人以外的其他人担当。

2. 保证人为2人以上的，保证人之间承担连带责任，不可互相推卸责任。

四、信用卡

（一）信用卡的概念和种类

1. 信用卡是指商业银行向个人和单位发行的，可在特约单位购物、消费和向银行存取现金，且具有消费信用的特制载体卡片。

2. 按是否向发卡银行交存备用金，可分为贷记卡、准贷记卡两种。

（1）贷记卡，即先消费后还款，享有一定的免息期，但存款无息。

（2）准贷记卡，即持卡人须先按发卡银行要求交存一定金额的备用金，当备用金账户余额不足支付时，可在发卡银行规定的信用额度内透支的信用卡。准贷记卡存款有息，在规定的有限信用额度内透支消费、取现，收取一定的利息，但不存在一定的免息还款期。

（二）信用卡的申领与销户

1. 单位卡

（1）申领

必须在中国境内金融机构开立基本存款账户，且要求交存一定金额的备用金。单位卡可以申领若干张。

（2）使用（存现、提现均不可）

单位卡账户的资金一律从其基本存款账户转账存入，不得交存现金，不得将销货收入的款项存入其账户。单位卡不得用于 10 万元以上的商品交易、劳务供应款项的结算,并一律不得支取现金。如果需要向其账户续存资金的,单位卡的持卡人必须按前述转账方式转账存入。

(3)销户

销户时,单位卡账户余额转入其基本存款账户,不得提取现金。

2. 个人卡

(1)申领

凡具有完全民事行为能力的公民均可申领个人卡。个人卡的主卡持卡人可为其配偶及年满 18 周岁的亲属申领附属卡,申领的附属卡最多不超过两张。

(2)销户

持卡人在还清全部交易款项、透支本息和有关费用后,可申请办理销户。持卡人办理销户时,如果账户内还有余额,可以转账结清,也可以提取现金。

(三)信用卡的资金来源

1. 单位卡账户的资金一律从其基本存款账户转账存入,不得交存现金,不得将销货收入的款项存入其账户。

2. 个人人民币账户的资金以其个人持有的现金存入或以其工资性款项、属于个人的合法劳务报酬、投资回报等收入转账存入。严禁将单位的款项转入个人卡账户存储。

(四)信用卡使用的主要规定

中国人民银行 1992 年 12 月颁布的《信用卡业务管理办法》及各银行具体规定:

1. 发卡银行对于约定商店拒绝接受信用卡的行为不负责任。

2. 信用卡若丢失或被窃,应立即向发卡银行申请挂失,在挂失生效前被非法使用的款项仍由本人负责。

3. 信用卡只限于合法持卡人本人使用,不得转让或转借。持卡人对凭信用卡而发生的付款行为应负完全责任。

4. 信用卡使用有一定期限,有效期满如需继续使用,应办理更换新卡手续。

5. 银行信用卡备用金按照中国人民银行制定的活期存款利率计付利息。

6. 信用卡允许小额善意透支,公司卡透支额度为 5000 元,个人普通卡透支额度为 1000元。《信用卡业务管理办法》规定,自签单日或银行记账日起 15 日内按日息万分之五计算,超过 15 日按日息万分之十计算,超过 30 日或透支金额超过规定限额的,按日息万分之十五计算。透支计息不分段,按最后期限或最高透支额的最高利率档次计息。

各银行对于其发行的信用卡都有自己的规定。

五、汇兑

(一)汇兑的概念和分类

1. 概念

汇兑是指汇款人委托银行将其款项支付给收款人的结算方式。就汇兑而言,同城、异地均可,单位、个人均可,适用范围十分广泛。

2. 分类

汇兑分为信汇(邮寄方式)和电汇(电报方式)两种。汇入人可以根据实际需要选择。

(二)办理汇兑的程序

1. 汇款人按要求签发汇兑凭证。

2. 汇出银行受理汇兑凭证。

3. 汇入银行接收汇出银行的汇兑凭证之后,审查无误后,办理付款手续。

(三)汇兑的撤销和退汇

1. 汇兑的撤销——汇出银行尚未汇出

转汇银行不得受理汇款人或汇出银行对汇款的撤销。

2. 汇兑的退汇——对汇出银行已经汇出的款项申请退回汇款

(1)如果汇款人与收款人不能达成一致退汇的意见,不能办理退汇。

(2)转汇银行不得受理汇款人或汇出银行对汇款的退汇。

(3)汇入银行对于收款人拒绝接受的汇款,应立即办理退汇。汇入银行对于向收款人发出取款通知经过 2 个月无法交付的汇款,应主动办理退汇。

【本章知识网络结构图】

```
                        ┌ 支付结算的概念和特征
                        │ 支付结算的基本原则
            支付结算概述 ┤ 支付结算的主要支付工具
                        │ 支付结算过程中的主要法律依据
                        └ 办理支付结算的具体要求

                        ┌ 开户单位使用现金的范围
            现金管理     ┤ 现金使用的限额
                        │ 现金收支的基本要求
                        └ 建立并健全现金核算与内部控制

                        ┌ 银行结算账户的概念
                        │ 银行结算账户的分类
                        │ 银行结算账户管理的基本原则
                        │ 银行结算账户的开立、变更及撤销
支付结算法律制度          银行结算账户 ┤ 基本、一般、专用、临时存款账户
                        │ 个人银行结算账户
                        │ 异地银行结算账户
                        │ 银行结算账户的管理
                        └ 违反银行账户结算管理制度的罚则

                        ┌ 票据的概念和种类
                        │ 支票
            票据结算方式 ┤ 商业汇票
                        │ 信用卡
                        └ 汇兑
```

第三章　税收法律制度

【目标透视】

　　本章是《财经法规与会计职业道德修养教程》的重点章节,对于从事经济类行业的人员来说,应该是重点掌握的内容。本章在结构上共分三节,包括税收概述、税收的主要税种、税收征管。该章内容比较繁琐,涉及面较广。通过本章的学习,学员应重点掌握税收的概念及特征、增值税的基本法律规定、企业所得税的基本法律规定及其计算方法。

【学习重点及要求】

　　(一)税收概述(理解)

　　(二)主要税种(掌握)

　　(三)税收征管(了解)

第一节　税收概述

【重点、难点、疑点解读及范例探究】

一、税收的概述

　　(一)税收的概念与作用

　　1.税收的概念

　　税收是国家凭借政治权力,按照法定标准无偿取得财政收入的一种分配形式。税收概念有以下几个方面的含义:

　　(1)税收的征税主体是国家,是国家取得财政收入的一种重要工具。除了国家以外,其他任何机构、团体都无权征税,因而税收也称国家税收。

　　(2)国家税收的征税依据是其政治权力,这是有别于其他要素进行的分配。这种政治权力凌驾于财产权利之上。

　　(3)国家征税的目的是满足国家的财政需要,以实现其进行统治和满足社会公共需要的职能。

2. 税收的作用

(1)税收是国家组织财政收入的主要形式。税收是政府收入的最重要来源,是一个具有特定含义的独立的经济概念,属于财政范畴。为了维护国家机器的正常运转以及促进国民经济健康发展,必须筹集大量的资金,即组织财政收入。为了保证该作用的实现,就必须通过制定税法,以法律的形式确定下来,确保国家的税收收入及时足额取得。由于税收具有强制性、无偿性、固定性,因而能保证收入的稳定。同时,税收的征收范围十分广泛,能从多个方面筹集财政收入。

(2)税收是国家调控经济运行的重要手段。国家通过制定税法,以法律的形式确定国家与纳税人之间的利益分配关系。税收作为国家宏观调控的重要手段,调节社会成员的收入水平,调整产业结构和社会资源的优化配置,使之符合国家的宏观经济政策。同时,以法律的平等原则,鼓励平等竞争,为市场经济的发展创造良好的条件。通过税种的设置以及在税目、税率、加成征收或减免税等方面的规定,调节社会生产、交换、分配和消费,促进社会经济的健康发展。

(3)税收具有维护国家政权的作用。国家政权是税收产生和存在的必要条件,而国家政权的存在又依赖于税收的存在。没有税收,国家机器就不可能有效运转。同时,税收分配不是按照等价原则和所有权原则分配的,而是凭借政治权力,对物质利益进行调节,体现国家支持什么、限制什么,从而达到维护和巩固国家政权的目的。

(4)税收是国际经济交往中维护国家利益的可靠保证。在国际经济交往中,任何国家对在本国境内从事生产、经营的外国企业或个人都拥有税收管辖权,这是国家权益的具体体现。

(二)税收的特征

税收特征是税收分配形式区别于其他财政分配形式的质的规定性,是区分税与非税的基本标志,也是古今中外税收的共性特征。税收的形式特征通常概括为税收的"三性",即强制性、无偿性、固定性。

1. 强制性

强制性是指国家以社会管理者身份,用法律形式对征纳双方权利与义务的制约。国家征税是凭借政治权力,而不是凭借财产所有权。国家征税不受财产直接所有权归属的限制,国家对不同所有者都可以行使征税权。强制性是国家的权力在税收上的法律体现,是国家取得税收收入的根本前提。

范例探究 1·判断题

国家强制征税,既不需要向纳税人直接偿还,也不付出任何形式的直接报酬。

[答案] 错

[解析] 本题考查学生对税收三性中"强制性"的理解。

范例探究 2·单选题

政府凭借政治权力,根据(　　　　),代表国家对纳税人强制无偿征收税款。

A.社会公共需求　　　B.公共财政需要　　　C.经济发展水平　　　D.法律法规

[答案] D

[解析] 本题考查学生对税收概念的理解。

2. 无偿性

无偿性是指国家征税对具体纳税人既不需要直接偿还,也不付出任何形式的直接报酬。无偿性是税收的关键特征,它使税收区别于国债等财政收入形式。无偿性决定了税收是筹集财政收入的主要手段,并成为调节经济和矫正社会分配不公的有力工具。税收无偿性的形式特征,是对具体纳税人而言的。

3. 固定性

固定性是指国家征税必须通过法律形式,事先规定征税对象和征税额度,也可以理解为规范性。税收固定性的含义包括三个层次,即征税对象上的非惩罚性,征税时间上的连续性和征税比例上的限度性。税收的固定性特征是税收区别于罚没、摊派等财政收入形式的重要特征。

范例探究 3·单选题

税收具有强制性、无偿性、固定性的特征,其核心是(   )。

A.强制性　　　　B.无偿性　　　　C.固定性　　　　D.确定性

[答案]　B

范例探究 4·思考题

理解税收与其他财政收入、费用的区别。

[解析]这是考查学生对税收特征的理解。

(三)税收的分类

1. 按征税对象分类,可将全部税收划分为流转税类、所得税类、财产税类、资源税类和行为税类五种类型。

(1)流转税类

流转税是以流转额为征税对象的税种。我国现行的增值税、消费税、营业税、关税都属于这类税种。

$$流转额\begin{cases}商品流转额\begin{cases}商品的销售收入(销售方)\\商品的采购金额(购买方)\end{cases}\\非商品流转额\begin{cases}各种劳务收入金额\\服务性业务收入金额\end{cases}\end{cases}$$

流转税的特点:它是间接税、对物税、比例税,计税依据是流转额。

(2)所得税类

所得税是以纳税人的各种所得额为征税对象的税种。所得税类的征税对象不是一般收入,而是总收入减除各种成本费用及其他允许扣除项目以后的应纳税所得额,征税数额受成本、费用、利润高低的影响较大。主要包括企业所得税、个人所得税等。

所得税的特点:可以直接调节纳税人收入,发挥其公平税负、调整分配关系的作用。

(3)财产税类

财产税是以纳税人所拥有或支配的某些财产为征税对象的一类税。它主要是对财产的价值或某些行为征税,其征税对象一般分为不动产和动产两大类。包括房产税、车船使用税等。

财产税类的特点:可以为地方财政提供稳定的收入来源,可以防止财产过分集中于社会少数人,便于调节财富的分配,体现社会分配的公正性。纳税人的财产分布地不尽一致,当地政府应能够因地制宜地进行征收管理。

(4)资源税类

资源税是指对在我国境内从事资源开发的单位或个人征收的一类税。这主要是为保护和合理使用自然资源而征的税。主要包括资源税、土地增值税、城镇土地使用税等。

资源税的特点:只对特定资源征税,具有级差收入税的特点,实行从量定额征收,属于共享税。

(5)行为税类

行为税是指以某些特定行为为征税对象的一类税。主要包括印花税、城市维护建设税等。

行为税类的特点:特殊的目的性,较强的政策性,具有临时性和偶然性,税源的分散性。

2. 按征收管理的分工体系分类,可分为工商税类、关税类。

(1)工商税类

工商税是指以从事工业、商业和服务业的单位和个人为纳税人的各税种的总称,是我国现行税制的主体部分,由税务机关负责征收管理。目前,我国共有增值税、消费税、营业税、企业所得税、个人所得税、资源税、城镇土地使用税、房产税、城市维护建设税、耕地占用税、土地增值税、车辆购置税、车船税、印花税、契税、烟叶税等税种。

工商税的特点:一是税源大、范围广。在国民经济活动中,凡属经营各种产品的生产、销售以及从事服务业务的单位和个人,都要交纳工商税。二是按产品销售收入征税,收入比较稳定。由于工商税的主要征税对象是产品销售收入,纳税人只要发生销售行为或取得了收入,不论其成本高低,也不论其有无盈利,都要交纳工商税。因而,它是筹集国家财政收入,调节宏观经济最主要的工具。

(2)关税类

关税是世界各国普遍征收的一个税种,是一国海关对进出境的货物或者物品征收的一种税。主要包括进口税、出口税以及对入境旅客的行李物品和个人邮递物品征收的进口税。关税类的税种是由海关负责征收管理的。关税是中央财政收入的重要来源,也是国家调节进出口贸易的主要手段。

关税的特点:关税是统一的国境征税。关税是以进出境货物或者物品为征收范围,是关税征收管理机关。

3. 按照税收征收权限和收入支配权限分类,分为中央税、地方税、中央与地方共有税。

这种以税种划分中央和地方收入来源的方式有利于中央和地方积极性的发挥,是国际上划分不同级次政府之间收入支配权的常用方法。

(1)中央税是地方税的对称。中央税是由一国中央政府征收、管理和支配的一类税收,又称国家税,是根据税收的征收管理权及收入支配权进行的分类。在实行中央与地方分税制的国家,通常将一些收入充足和稳定的税种作为中央税。如我国现行的消费税、关税等,这类税一般收入较大,征收范围广泛。

(2)地方税是中央税的对称。地方税由一国地方政府征收、管理和支配的一类税收,是依据税收的征收管理权及收入支配权进行的分类。地方税属于地方固定财政收入,由地方管理和使用。如我国现行的个人所得税、屠宰税和筵席税等。这类税一般收入稳定,并与地方经济利益关系密切。

(3)共享税又称中央与地方共享税,指中央政府和地方政府按照一定方式分享收入的税收。共享税主要由中央直接管理,税种的开征、停征,税目、税率的调整,减税、免税、加征等权限由中央决定。现行中央与地方共享税包括:增值税、营业税、企业所得税、外商投资企业和外国企业所得税、个人所得税、资源税、城市维护建设税、印花税和没有立法开征的燃油税、证券交易税。

4.按照计税标准不同进行分类,可分为从价税、从量税和复合税。

(1)从价税是以征税对象的价格或价值为依据,按一定比例计算征收的各种税。一般来说,依据课税对象的价格或金额从价定率计算征税,税收与商品或劳务的销售额、增值额、营业额以及纳税人的收益额密切相连,能够适应价格、收入的变化,具有一定的弹性,较为合理地参与国民收入的再分配。从价税的税负轻重与征税对象的价格或金额的高低成正比变化。税收负担比较合理,尤其在物价上涨时,税额也随之增加,能够保证税收的稳定。同时,从价税中的累进税的税负轻重,还受到征税标准的高低与征税标准所适用的税率的高低成正比变化的影响。国家通过不同税率结构的设计,可以有效地实现量能纳税和公平税负,并达到各种调节目的。但从价税也有不足,实行从价税,价格提高税额增加,不利于改进商品包装。确定和计算从价税的价格和金额,无论在方法上还是手续上都比较复杂,给纳税人和税务机关增加了一定的困难,容易发生纠纷。我国现行税制中的增值税、营业税、关税、房产税和各种所得税等税种,均属于从价税。

(2)从量税是"从价税"的对称,按税收的计征标准划分的一类税。凡是以征税对象的数量(如重量、容量、尺度、面积、件数)为标准,采用固定税额计征的税种都谓之从量税。

从量税数量单位的确定和计算,在方法和手续上都极为简便易行。但如果不按一定标准分等定税或分等过粗,税负则不公平。这是因为从量税的税负轻重不能与物价变动因素相联系,并且在通货膨胀时税额不能增加,使税收遭受损失。为此,从量税的设计往往将同类物品区分为不同税目。对于价格高的,规定较高的固定税额,对于价格低的,则规定较低的税额。即使如此,从量税的税负轻重仍不能完全与数量单位、价格高低等因素相联系,使得税收调节作用相对缩小。如果为求公平,对课税对象进行详细的分类,又会使制定税额的工作过于繁琐。然而,在一些特殊情况下,采取从量定额征税还是必要的。如采取从量定额征税后,企业改进产品包装,产品售价提高,而税负不增加,从而效益提高,有利于促进企业改进包装。

我国现行税制中的资源税、车船使用税、耕地占用税、城镇土地使用税以及船舶吨税等税种,消费税中计量单位规范的消费品(如黄酒、啤酒、汽油、柴油等)采取从量定额方法征收,属于从量税。

(3)复合税又称混合税,是对某一进出口货物或物品既征收从价税,又征收从量税,即采用从量税和从价税同时征收的一种方法。复合税可以分为两种:一种是以从量税为主加征从价税;另一种是以从价税为主加征从量税。这种税制有利于为政府取得稳定可靠的财政收入,也有利于发挥各种税的不同调节功能。现如今,各国普遍采用复合税制,我国现行税制也是复合税制。

复合税的主要优点是:可以广辟税源,能够充分而有弹性地满足国家财政需要;便于发挥各个税种特定的经济调节作用,可以全面体现国家政策;征税范围较为广阔,有利于实现公平税负目标。

二、税法及构成要素

(一)税收与税法的关系

1. 税法的概念

税法即税收法律制度,是指国家权力机关和行政机关制定的,用以调整国家与纳税人之间在征纳税方面的权利与义务关系的法律规范的总称,是国家法律的重要组成部分。

它是国家及纳税人依法征税、依法纳税的行为准则,其目的是保障国家利益和纳税人的合法权益,维护正常的税收秩序,保证国家的财政收入。

2. 税收与税法的关系

(1)税收是经济学概念,侧重解决分配关系;税法是法学概念,侧重解决权利义务关系。

(2)税法以宪法为依据,调整国家与社会成员在征纳税上的权利与义务关系,维护社会经济秩序和税收秩序,保障国家利益和纳税人合法权益的一种法律规范,是国家税务机关及一切纳税单位和个人依法征税的行为规则。

广义的税法是指国家制定的,用以调节国家与纳税人之间在征纳税方面的权利义务关系的法律规范的总称。狭义的税法特指由全国人民代表大会及其常务委员会制定和颁布的税收法律规范。

(3)税收是一种经济活动,属于经济基础范畴,税法属于上层建筑。

(4)税法是税收的法律表现形式,体现国家与纳税人之间在征纳税方面的权利义务关系;税收则是税法所确定的具体内容。

(二)税法的分类

我国税法分类主要有五种:

1. 按照税法的基本内容和效力的不同,可分为税收基本法和税收普通法。

2. 按照税法的职能作用的不同,可分为税收实体法和税收程序法。

3. 按照税法征收对象的不同,可分为对流转额课税的税法,对所得额课税的税法,对财产、行为课税的税法和对自然资源课税的税法。

4. 按照主权国家行使税收管辖权的不同,可分为国内税法、国际税法、外国税法等。

5. 按照税法法律级次划分,分为税收法律、税收行政法规、税收规章和税收规范性文件。

我国税法的分类

分　类	具体种类	分类说明	类别包含内容
按照税法的基本内容和效力的不同	税收基本法	属税法体系中的母法	目前没有统一制定
	税收普通法	对税收基本法规定的事项分别立法实施的法律	如个人所得税法、企业所得税法
按照税法的职能作用的不同	税收实体法	确定税种立法	个人所得税法、企业所得税法
	税收程序法	税务管理方面的法律	税收征收管理法
按照税法征收对象的不同	流转税税法	发挥对经济的宏观调控作用	主要包括增值税、营业税、消费税、关税等税法
	所得税税法	可以直接调节纳税人收入,发挥其公平税负、调整分配关系的作用	主要包括企业所得税、个人所得税等税法
	财产、行为税税法	对财产的价值或某种行为课税	主要包括房产税、印花税等税法
	资源税税法	为保护和合理使用国家自然资源而课征	我国现行的资源税、城镇土地使用税等税法
按照主权国家行使税收管辖权的不同	国内税法	国家的内部税收制度	
	国际税法	国家间形成的税收制度	双边或多边的国际税收协定、条约、国际惯例等
	外国税法	外国各国家制定的税收制度	
按照税法法律级次的不同	税收法律	国家立法权的最高权力机关依法制定的规范性税收文件	如企业所得税法、个人所得税法、征管法等
	税收行政法规	国家最高行政机关依据宪法和税收法律制定的有关税收活动的实施规定和办法	主要包括个人所得税实施细则、征管法实施细则、增值税暂行条例等
	税收规章	税收部门规章和地方税收规章	
	税收规范性文件	县以上税务机关依法和规定程序制定的文件	

（三）税法的构成要素

税法构成要素，又称课税要素，是指各种单行税法具有的共同的基本要素的总称。这一概念包含以下基本含义：一是税法要素既包括实体性的，也包括程序性的；二是税法要素是所有完善的单行税法都共同具备的，那些仅为某一税法所单独具有的内容，不构成税法要素，如扣缴义务人。

具体而言，税法要素主要包括以下内容：

1. 征税人

征税人是指代表国家行使征税职权的各级税务机关和其他征收机关。

2. 纳税义务人

纳税人亦称纳税义务人、"课税主体"，是税法上规定的直接负有纳税义务的单位、个人或其他组织。国家无论课征什么税，都要由一定的纳税义务人来承担，舍此就不称其为税收。因此，纳税人是税收制度构成的基本要素之一。

（1）负税人

纳税人和负税人是两个既有联系又有区别的概念。纳税人是直接向税务机关缴纳税款的单位和个人。负税人是实际负担税款的单位和个人。纳税人如果能够通过一定途径把税款转嫁或转移出去，纳税人就不再是负税人。否则，纳税人同时也是负税人。

（2）代扣代缴义务人

代扣代缴义务人是指有义务从持有的纳税人收入中扣除其应纳税款并代为缴纳的企业、单位和个人。

（3）代收代缴义务人

代收代缴义务人是指有义务借助与纳税人的经济交往，向纳税人收取应纳税款并代为缴纳的单位（注意与代扣代缴义务人区分）。

（4）代征代缴义务人

代征代缴义务人是指因税法规定，受税务机关委托而代征税款的单位和个人。通过由代征代缴义务人代征税款，不仅便利了纳税人税款的缴纳，有效地保证了税款征收的实现，而且强化了税收征管，可以有效杜绝和防止税款流失。

（5）纳税单位

纳税单位是指申报缴纳税款的单位，是纳税人的有效集合。比如：个人所得税可以个人为纳税单位，也可以夫妇俩为一个纳税单位，还可以一个家庭为一个纳税单位；公司所得税可以每个分公司为一个纳税单位，也可以总公司为一个纳税单位。纳税单位的大小通常要根据管理上的需要和国家政策来确定。

3. 征税对象

征税对象即课税对象，是纳税的客体，在实际工作中也笼统称之为征税范围。它是指税收法律关系中权利义务所指向的对象，即对什么征税。

课税对象是一个税种区别于另一种税种的主要标志，是税收制度的基本要素之一。每一种税都必须明确规定对什么征税，体现着税收范围的广度。一般来说，不同的税种有着不同的课税对象，不同的课税对象决定着税种所应有的不同性质。国家为了筹措财政资金和调节经济的需要,可以根据客观经济状况选择课税对象。正确选择课税对象,是实现税制优化的关键。

不同的税种有不同的课税对象。消费税是对消费品征税,其征税对象就是消费品(具体如烟、酒都是消费税的征税对象)。房产税是对房屋征税,其征税对象就是房屋。征税对象是税制最基本的要素之一,它规定了征税与否的最基本界限。凡是列入某一税种的征税对象,就要在这种税的征收范围内征税。而没有列入征税对象的,就不在这种税的征收范围,不征这种税。

与征税对象密切相关的三个概念:

(1)税目

税目是税法上规定应征税的具体项目,是征税对象的具体化,反映各种税种具体的征税项目。它体现每个税种的征税广度。并不是所有的税种都有规定税目,对征税对象简单明确的税种,就不必另行规定税目。

(2)计税依据

计税依据是征税对象的数量化,是应纳税额计算的基础。从价计征的税收,以计税金额为计税依据。从量计征的税收,以征税对象的数量、容积、体积为计税依据。

(3)税源

税源即税收的源泉。从根本上说,税源来自当年的剩余产品。税源与征税对象有时是重合的,但大多数情况下两者并不一致。征税对象只是表明对什么征税,税源则表明税收收入的来源。

4. 税率

税率是税法的核心要素,是税额与课税对象之间的数量关系或比例关系,计算应纳税额的尺度,体现税收负担的深度,是税制建设的中心环节。在课税对象和税基既定的条件下,税率的高低直接关系到国家财政收入和纳税人的负担,关系到国家、集体、个人三者的经济利益。税率的高低和税率形式的运用,是国家经济政策和税收政策的体现,是发挥税收经济杠杆作用的关键。税率一般分为定额税率、比例税率、累进税率。

(1)比例税率

比例税率是指对同一征税对象,不论其数额大小,均按同一个比例征税的税率。

比例税率的优点表现在:同一课税对象的不同纳税人税收负担相同,能够鼓励先进,鞭策落后,有利于公平竞争。其计算简便,有利于税收的征收管理。但是,比例税率不能体现能力大者多征、能力小者少征的原则。比例税率在具体运用上可分为以下几种:

①单一比例税率,即对同一征税对象的所有纳税人都适用同一比例税率;

②差别比例税率,即对同一征税对象的不同纳税人适用不同的比例征税;

具体又分为下面三种形式:行业差别比例税率,即按不同行业规定不同的税率,同一行业采用同一税率;产品差别比例税率,即对不同产品规定不同税率,同一产品采用同一税率;地区差别比例税率,即对不同地区实行不同税率;

③幅度比例税率:即中央只规定一个幅度税率,各地可在此幅度内,根据本地区实际情况选择、确定一个比例作为本地适用税率。

（2）定额税率

定额税率又称固定税率,是指按征税对象的一定单位直接规定固定的税额,而不采取百分比的形式。

定额税率是税率的一种特殊形式。它不是按照课税对象规定征收比例的,而是按照征税对象的计量单位规定固定税额,因此又称为固定税额,一般适用于从量计征的税种。

定额税率的优点是:从量计征,不是从价计征,有利于鼓励纳税人提高产品质量和改进包装,计算简便。但是,由于税额的规定同价格的变化情况脱离,在价格提高时,不能使国家财政收入随国民收入的增长而同步增长,在价格下降时,则会限制纳税人的生产经营积极性。在具体运用上又分为以下几种:

①地区差别税额,即为了照顾不同地区的自然资源、生产水平和盈利水平的差别,根据各地区经济发展的不同情况,分别制定不同的税额;

②幅度税额,即中央只规定一个税额幅度,由各地根据本地区实际情况,在中央规定的幅度内,确定一个执行数额;

③分类分级税额,即把课税对象划分为若干个类别和等级,对各类分级由低到高规定相应的税额,等级高的税额高,等级低的税额低,具有累进税的性质。

（3）累进税率

累进税率是根据征税对象数额的大小,划分若干等级,每个等级由低到高规定相应的税率,征税对象数额越大税率越高,数额越小税率越低。累进税率因计算方法和依据的不同,又分以下几种:

①全额累进税率,即对征税对象的金额按照与之相适应等级的税率计算税额。在征税对象提高到一个级距时,对征税对象金额都按高一级的税率征税;

②全率累进税率与全额累进税率的原理相同,只是税率累进的依据不同。全额累进税率的依据是征税对象的数额,而全率累进税率的依据是征税对象的某种比率,如销售利润率、资金利润率等;

③超额累进税率,即把征税对象按数额大小划分为若干等级,每个等级由低到高规定相应的税率,每个等级分别按该级的税率计税;

④超率累进税率,它与超额累进税率的原理相同,只是税率累进的依据不是征税对象的数额,而是征税对象的某种比率。

在以上几种不同形式的税率中,全额累进税率和全率累进税率的优点是计算简便,但两个级距临界点的税负不合理。超额累进税率和超率累进税率的计算比较复杂,但累进程度缓和,税收负担较为合理。

5. 计税依据

计算应纳税额所依据的标准,即根据什么来计算纳税人应缴纳的税额。计税依据与征税对象虽然同样是反映征税的客体,但两者要解决的问题不尽相同。征税对象解决对什么征税的问题,而计税依据则是确定征税对象之后,解决如何计量的问题。有些税种的征税对象和计税依据是一致的,如各种所得税的征税对象和计税依据都是应纳税所得额。但是有些税种则不一致,如消费税的征税对象是应税消费品,计税依据则是消费品的销售收入。再如,农业税的征税对象是农业总收入,计税依据是税务机关核定的常年应税产量。

计税依据分为从价计征、从量计征和复合计征。从价计征的税收,以征税对象的自然数量与单位价格的乘积作为计税依据。从量计征则以征税对象的自然实物量作为计税依据,该项实物量以税法规定的计量标准(重量、体积、面积等)计算。复合计征既包括从量计征又包括从价计征,即应纳税额等于应税销售数量乘以定额税率再加上应税销售额乘以比率税率。

6. 纳税环节

税法规定的征税对象在从生产到消费的流转过程中,应当缴纳税款的环节有广义和狭义之分。广义的纳税环节指全部征税对象在再生产中的分布。如资源税分布在生产环节,所得税分布在分配环节等。它制约着税制结构,对取得财政收入和调节经济有重大影响。狭义的纳税环节指应税商品在流转过程中应纳税的环节,是商品流转课税中的特殊概念。

在商品经济条件下,商品从生产到消费通常经过产制、商业批发、商业零售等环节。商品课税的纳税环节,应当选择在商品流转的必经环节。如果对所有环节都征税,由于有的从产制到零售要经过多次商业批发环节,有的可能只经过一次商业批发环节,有的可能不经过批发直接进入零售环节,有的还可能不经过商业零售直接进入消费环节,这就会使同有一商品的零售价格中包含的税额不同。同时,只要中间环节减少,税收收入也要减少,不利于保持财政收入的稳定。

按照纳税环节的多少,可将税收课征制度划分为两类,即一次课征制度和多次课征制度。一次课征制度是指一种税收在各个流通环节只征收一次税。一次课征制度的税源集中,可以避免重复征税。如中国现行资源税中的盐税目采取的就是一次课征制度,即在盐出场时课税,对以后其他环节不再征税。多次课征制度指一种税收在各个流通环节选择两个或两个以上的环节征税。如中国过去的工商税就采取的是两次课征制,即应税产品在产制和零售两个环节征税。

7. 纳税期限

纳税期限是税法规定的纳税人、扣缴义务人发生纳税义务或者扣缴义务以后,向国家纳税款或者解缴税款的期限。纳税期限是根据纳税人的生产、经营规模和应纳税额的大小以及各个税种的不同特点确定的,包括纳税计算期和税款缴库期。

纳税计算期一般有两种情况:一是按期计算,即以纳税人、扣缴义务人发生纳税义务或者扣缴税款义务的一定期间作为纳税计算期。如《消费税暂行条例》中规定,消费税的纳税期限分别为1日、3日、5日、10日、15日或者1个月。纳税计算期届满以后,纳税人、扣缴义务人应缴纳应缴的税款。二是按次计算,即以纳税人从事生产、经营活动的次数作为纳税计算期。一般适用于对某些特定行为的征税或者对临时经营者的征税。如印花税、契税、屠宰税等税种,多在纳税人发生纳税义务以后按次计算应纳税额。

由于纳税人、扣缴义务人对纳税计算期内所取得的应税收入、应纳税款、代扣代收税款,需要在一定的时间内进行结算和办理缴税手续,所以,税法规定了税款的入库期限,即税款缴库期。税款缴库期是指纳税计算届满以后,纳税人、扣缴义务人报缴税款的法定期限。如《消费税暂行条例》规定,纳税人以1个月为一期纳税的,自期满之日起10日内申报纳税。

规定纳税期限对促进纳税人加强经营管理,认真履行纳税义务,保证国家财政收入的稳定性、及时性,具有重要意义。

8. 纳税地点

纳税地点主要是指根据各个税种的纳税对象的纳税环节和有利于对税款的源泉控制,而规定的纳税人(包括代征、代扣、代缴义务人)的具体纳税地点。规定纳税人申报纳税的地点,既有利于税务机关实施税源控管,防止税收流失,又有利于纳税人及时缴纳税款。

中国税收制度对纳税地点规定的总原则是纳税人在其所在地就地申报纳税。同时,考虑到某些纳税人生产经营和财务核算的不同情况,对纳税地点也做了不同规定。主要方式有:

(1)企业所在地纳税。如产品税、增值税、营业税及各种国内企业所得税等,除另有规定外,由纳税人向其所在地税务机关申报纳税。

(2)营业行为所在地纳税。主要适用于跨地区经营和临时经营的纳税人。如有关营业税条例规定,临时经营者在营业行为发生地缴纳税款。固定工商业户总、分支机构不设在同一县(市)的,分别在其营业行为所在地纳税。建筑安装企业承包建筑安装工程和修理业务(不包括承包铁路、公路、管道、输变电和通信线路等跨省、自治区、直辖市移动施工工程),在承包工程所在地纳税。

(3)集中纳税。对少数中央部、局实行统一核算的生产经营单位,由主管部、局集中纳税。如对铁路运营(不包括铁道部直属独立核算的企业)、金融、保险企业(不包括中国人民保险总公司所属各省、自治区、直辖市分公司)和中国医药管理局直属企业,分别由中央各主管部、行、局、总公司集中纳税。

(4)口岸纳税。主要适用于关税。进出口商品的应纳关税,在商品进出口岸地,由收、发货人或其代理人向口岸地海关纳税。外贸企业、其他单位自营或接受委托进口的商品除缴纳关税外,还需向口岸地海关缴纳产品税(或增值税)、盐税或工商统一税等税。

9. 减免税

减税和免税是对某些纳税人或课税对象的鼓励或照顾措施。

(1)减税和免税

减税是指对应征税款做适当减少。免税是对按规定应征收的税款全部免除。具体又分为两种情况:一种是税法直接规定的长期减免税项目;另一种是依法给予的一定期限内的减免税措施,期满之后仍应按规定纳税。我国现行的税收减免权限集中于国务院,任何地区、部门不得规定减免税项目。减税、免税的规定是为了解决按税制规定的税率征税时所存在的具体问题而采取的一种措施,是在一定时期内给予纳税人的一种税收优惠,同时也是税收的统一性和灵活性相结合的具体体现。

(2)起征点

起征点是指对课税对象征税的起点,即开始征税的最低收入数额界限。规定起征点是为了免除收入较少的纳税人的税收负担,缩小征税面,贯彻税收负担合理的税收政策。当课税对象未达到起征点时,不用征税。当课税对象达到起征点时,对课税对象全额征税。

起征点在增值税和营业税中的应用比较多,主要是针对增值税和营业税中的个人。如增值税法中规定,销售货物的起征点为月销售额在 2000 元~5000 元之间,提供应税劳务的月劳务收入额在 1500 元~3000 元之间。各省、自治区和直辖市可以在幅度中选择具体的数额。

(3)免征额

免征额又称费用扣除额,是指在课税对象的全部数额中预先确定的免于征税的数额,即在确定计税依据时,允许从全部收入中扣除的费用限额。规定免征额是为了照顾纳税人的生活、教育等方面的最低需要。当课税对象低于免征额时,不用征税。当课税对象高于免征额时,则从课税对象总额中减去免征额后,对余额部分征税。

免征额在个人所得税中的应用比较多,如工资、薪金所得的免征额为3500元,劳务报酬所得、稿酬所得或特许权使用费所得的免征额为定额800元或定率为收入的20%等。

10. 法律责任

法律责任是指对违反国家税法规定的行为人采取的处罚措施。一般包括违法行为和因违法而应承担的法律责任两部分内容。

这里所讲的违法行为是指违反税法规定的行为,包括作为和不作为。税法中的法律责任包括行政责任和刑事责任。纳税人和税务人员违反税法规定,都将依法承担法律责任。

第二节 主要税种

【重点、难点、疑点解读及范例探究】

我国现行税种主要包括增值税、营业税、消费税、企业所得税、个人所得税、关税、契税、资源税、车船税、印花税、城市维护建设税、车辆购置税以及土地、房产相关税等。

一、增值税

(一)增值税的概念与分类

1. 增值税的概念

增值税是指对从事销售货物或者加工、修理、修配劳务,以及进口货物的单位和个人取得的增值额为计税依据而征收的一种流转税。增值税具有价外计税、多环节不重复征税等特点。

从计税原理上说,增值税是对商品生产、流通、劳务服务中多个环节的新增价值或商品的附加值征收的流转税。实行价外税,也就是由消费者负担,有增值才征税没增值不征税。但实际上,商品新增价值或附加值在生产和流通过程中是很难准确计算的,因此,增值税的计算一般采取税款抵扣的方式计算增值税应纳税额,即纳税人根据货物或应税劳务销售额,按照规定的税率计算出一个税额,然后从中扣除上一道环节已纳增值税额,剩余税额即为纳税人应纳的增值税额。

增值税是目前各国普遍征收的一种税。我国于1993年12月13日公布《中华人民共和国增值税暂行条例》,从1994年1月1日起施行。2008年11月10日,国务院对该条例做了修订,同日公布,从2009年1月1日起施行。

2. 增值税的分类

根据对外购固定资产所含税金扣除方式的不同,增值税可以分为以下几种:

(1)生产型增值税

生产型增值税指在征收增值税时，只能扣除属于非固定资产项目的那部分生产资料的税款,不允许扣除固定资产价值中所含有的税款。生产型增值税以销售收入总额减去所购中间产品价值后的余额为税基,该类型增值税的征税对象大体上相当于国民生产总值,因此被称为生产型增值税。

(2)收入型增值税

收入型增值税指在征收增值税时,只允许扣除固定资产折旧部分所含的税款,未提折旧部分不得计入扣除项目金额。收入型增值税以销售收入总额减去所购中间产品价值与固定资产折旧额后的余额为税基,该类型增值税的征税对象大体上相当于国民收入,因此被称为收入型增值税。

(3)消费型增值税

消费型增值税指在征收增值税时,允许将固定资产价值中所含的税款全部一次性扣除。就整个社会而言,生产资料都被排除在征税范围之外。消费型增值税以销售收入总额减去所购中间产品价值与固定资产投资额后的余额为税基,该类型增值税的征税对象仅相当于社会消费资料的价值,因此被称为消费型增值税。

相比之下,生产型增值税的税基最大,消费型增值税的税基最小,因此,纳税人的税负最小。我国以前开征的是生产型增值税,国务院常务会议于 2008 年 11 月 5 日决定,自 2009 年 1 月 1 日起,在全国所有地区、所有行业推行增值税转型改革,即将生产型增值税转为消费型增值税。

(二)增值税纳税人

1. 增值税纳税人概念

增值税纳税人是指税法规定负有缴纳增值税义务的单位和个人。在我国境内销售货物或者提供加工、修理、修配劳务以及进口货物的单位和个人,为增值税纳税人。

2. 增值税纳税人具备的条件

(1)销售货物、提供劳务或进口货物的行为已经发生。

(2)销售、进口的货物以及提供的劳务属于增值税的征税范围。

(3)销售货物或提供应税劳务行为发生在我国境内。境内销售货物是指货物的起运地或所在地在境内,境内销售应税劳务是指所销售的应税劳务发生在境内。

3. 增值税纳税人的分类

将纳税人按其经营规模大小以及会计核算是否健全，可划分为一般纳税人和小规模纳税人,具体划分为增值税一般纳税人(简称一般纳税人)和增值税小规模纳税人(简称小规模纳税人)。

(1)一般纳税人

生产货物或者提供应税劳务的纳税人,以及以生产货物或者提供应税劳务为主(即纳税人的货物生产或者提供应税劳务的年销售额占应税销售额的比重在 50% 以上),并兼营货物批发或者零售的纳税人,年应税销售额超过 50 万元的;从事货物批发或者零售经营的纳税人,年应税销售额超过 80 万元的;会计核算健全,年应税销售额不低于 30 万元的工业小规模企业;总机构为一般纳税人的工业性分支机构;新开业的符合一般纳税人条件的企业;已开业的小规模纳税人满足一般纳税人标准后,于次年1月底前申请变成一般纳税人;个体经营者符合条件的,可以向省级国税局申请,经批准后成为一般纳税人。

(2)小规模纳税人

小规模纳税人是指年销售额在规定标准以下,并且会计核算不健全,不能按规定报送会计资料,实行简易办法征收增值税的纳税人。具体来说,符合以下条件之一的,就属于小规模纳税人:

①从事货物生产或者提供应税劳务的纳税人,以及以从事货物生产或者提供应税劳务为主,并兼营货物批发或者零售的纳税人,年应征增值税销售额(以下简称应税销售额)在50万元以下(含本数)的;

②从事货物批发或者零售经营的纳税人,年应税销售额在80万元以下的;

③个人;

④非企业性单位;

⑤不经常发生应税行为的企业。

(三)增值税税率

绝大多数一般纳税人适用基本税率、低税率或零税率;小规模纳税人和采用简易办法征税的一般纳税人,适用征收率。

1. 一般纳税人的税率

(1)基本税率

基本税率又称标准税率,增值税一般纳税人销售或进口货物,提供加工、修理、修配劳务,除低税率适用范围和个别旧货适用低税率外,税率都为17%,这就是通常所讲的基本税率。

(2)低税率

低税率又称轻税率,适用于税法列举的体现一定税收优惠政策的项目。我国低税率为13%,适用于纳税人销售或进口下列货物:

①粮食、食用植物油、鲜奶;

②自来水、暖气、冷气、热水、煤气、石油液化气、天然气、沼气、居民用煤炭制品;

③图书、报纸、杂志;

④饲料、化肥、农药、农机、农膜;

⑤国务院规定的其他货物。

(3)零税率

纳税人出口货物,税率为零,国务院另有规定的除外。税率为零并非简单地等同于免税。零税率是指对出口货物除了在出口环节不征增值税外,还要对该产品在出口前已经缴纳的增值税进行退税,使该出口产品在出口时完全不含增值税税款,从而以无税产品进入国际市场。

2. 小规模纳税人的征收率

适用于小规模纳税人的增值税的征收率为3%。按简易办法征收增值税的纳税人,增值税的征收率为 2%、3%、4%或 6%。小规模纳税人(除其他个人外)销售自己使用过的固定资产,减按 2%征收率征收增值税。其只能够开具普通发票,不得由税务机关代开增值税专用发票。

增值税税率简表

按纳税人划分	税率或征收率	适用范围
一般纳税人	基本税率为 17%	销售或进口货物、提供应税劳务
	低税率为 13%	销售或进口税法列举的货物
	零税率	纳税人出口货物
	适用 4%或 6%的征收率	采用简易办法征税
小规模纳税人	征收率	2009 年 1 月 1 日前商业小规模纳税人 4%,其他小规模纳税人 6%
		2009 年 1 月 1 日变化小规模纳税人征收率不再划分行业,一律降至 3%

(四)增值税应纳税额

我国增值税实行扣税法。一般纳税人凭增值税专用发票及其他合法扣税凭证注明税款进行抵扣,应纳增值税额的计算公式为:

当期应纳增值税=当期销项税额-当期进项税额

1. 销项税额

销项税额是指纳税人销售货物或者提供应交税劳务,按照销售额或应交税劳务收入和规定的税率计算并向购买方收取的增值税税额。

当期销项税额=当期销售额×适用税率

例如:某钢铁公司向某机械公司出售一批钢材,出厂价格为 1000 万元人民币(不含税),增值税适用税率为 17%,该钢铁公司应当向机械公司收取的销项税额的计算方法为:

销项税额=1000 万元×17%=170 万元

由于在销项税额的计算销售额中,包括不含税和含税两种销售额,所以分为以下两种情况:

销项税额=(不含税)销售额×税率

销项税额=(含税)销售额÷(1+税率)×税率

另外,一般纳税人因销货退回或折让而退还给购买方的增值税税额,应从发生销货退回或折让当期的销项税额中冲减。

2. 销售额

销售额为纳税人销售货物或者应税劳务向购买方收取的全部价款和价外费用,但是不包括收取的销项税额。应税销售额具体包括以下内容:

(1)销售货物或应税劳务向购买方取得的全部价款。

(2)向购买方收取的各种价外费用,是指价外向购买方收取的手续费、补贴、基金、集资费、返还利润、奖励费、违约金(延期付款利息)、包装费、包装物租金、储备费、优质费、运输装卸费、代收款项、代垫款项及其他各种性质的价外费用。凡价外费用,无论其会计制度如何核算,均应并入销售额计算应纳税额。

(3)一般纳税人销售货物或者应税劳务采用销售额和销项税额合并定价方法的,按下列公式计算销售额:

$$不含增值税的销售额=含增值税的销售额÷(1+增值税适用税率)$$

例如:某书店本月的图书销售收入为113万元(含增值税税额),增值税适用税率为13%,该书店不含税销售额和销项税额的计算方法为:

$$不含税销售额=113万元÷(1+13\%)=100万元$$

$$销项税额=100万元×13\%=13万元$$

(4)混合销售行为的销售额为货物与非应税劳务的销售额的合计。

(5)兼营的非应税劳务销售额为货物或者应税劳务与非应税劳务的销售额的合计,包括货物销售额与非应税劳务销售额。

(6)下列项目不包括在应税销售额内:

①向购买方收取的销项税额;

②受托加工应征消费税的消费品所代收代缴的消费税;

③同时符合条件的代垫运费:承运部门的运费发票开具给购货方的;纳税人将该项发票转交给购货方的。

3. 进项税额

进项税额是指纳税人购进货物或者接受应税劳务所支付或者负担的增值税额。

在企业计算时,销项税额扣减进项税额后的数字,才是应缴纳的增值税。因此,进项税额的大小直接关系到纳税额的多少。

(1)根据税法规定,准予从销项税额当中抵扣的进项税额,限于下列增值税扣税凭证上注明的增值税税款和按规定的扣除率计算的进项税额:

①纳税人购进货物或应税劳务,从销货方取得增值税专用发票抵扣联上注明的增值税税款;

②纳税人购进免税农产品所支付给农业生产者或小规模纳税人的价款,取得经税务机关批准使用的收购凭证上注明的价款按13%抵扣进项税额;

③购进中国粮食购销企业的免税粮食,可以按取得的普通发票金额按13%抵扣进项税额;

④纳税人外购货物和销售货物所支付的运费,按运费结算单据(普通法票)所列运费和基金金额7%抵扣进项税额。其中,运输费用金额是指运输费用结算单据上注明的运输费用和建设基金,不包括装卸费、保险费等其他杂费;

⑤生产企业一般纳税人购入废旧物资回收经营单位销售的免税废旧物资,可按废旧物资回收经营单位开具的由税务机关监制的普通发票上注明的金额,按10%计算抵扣进项税额;

⑥企业购置增值税防伪税控系统专用设备和通用设备,可凭借购货所取得的专用发票

所注明的税额从增值税销项税额中抵扣;

⑦纳税人因进货、退货或折让而收回的增值税,应当从当期发生的进项税额中扣减。经税务机关确定为混合销售行为或兼营非应税劳务,应当征收增值税的,非应税劳务所用外购货物或应税劳务的进项税额,准予计入当期进项税额之中。

(2)不得从销项税额中抵扣的进项税额有:纳税人购进货物或应税劳务,没有按照规定取得并且保存增值税抵扣凭证,或增值税扣税凭证上未按规定注明增值税额及其他有关事项的。

一般纳税人有下列情形之一者,应按销售额依照增值税税率计算应纳税额,不得抵扣进项税额,也不得使用专用发票。

①用于非增值税应税项目、免征增值税项目、集体福利或者个人消费的购进货物或者应税劳务;

②非正常损失的购进货物及相关的应税劳务;

③非正常损失的在产品、产成品所耗用的购进货物或者应税劳务;

④国务院财政、税务主管部门规定的纳税人自用消费品。自用消费品是指纳税人自用的应征消费税的游艇、汽车、摩托车等;

⑤上述四项规定的货物的运输费用和销售免税货物的运输费用。

(五)增值税征收管理

1. 纳税义务发生的时间——纳税人销售货物或者应税劳务后发生纳税义务的时间

销售货物或者应税劳务,为收讫销售款项或者取得索取销售款项凭据的当天;先开具发票的,为开具发票的当天;进口货物,为报关进口的当天;增值税扣缴义务发生时间为纳税人增值税纳税义务发生的当天。

具体确定为:(1)采取直接收款方式销售货物,不论货物是否发出,均为收到销售额或取得索取销售额的凭据,并将提货单交给买方的当天。(2)采取托收承付和委托银行收款方式销售货物,为发出货物并办妥托收手续的当天。(3)采取赊销和分期收款方式销售货物,为按合同约定的收款日期的当天。(4)采取预收货款方式销售货物,为货物发出的当天。(5)委托其他纳税人代销货物,为收到代销单位销售的代销清单的当天。在收到代销清单前已收到全部或部分货款的,其纳税义务发生时间为收到全部或部分货款的当天。对于发出代销商品超过180天仍未收到代销清单及货款的,视为销售实现,一律征收增值税,其纳税义务发生时间为发出代销商品满180天的当天。(6)销售应税劳务,为提供劳务同时收讫销售额或取得索取销售额的凭据的当天。(7)纳税人发生视同销售货物中法律规定的特定行为的,为货物移送的当天。

2. 纳税期限——纳税人按照税法规定缴纳税款的期限

纳税期限分别为1日、3日、5日、10日、15日、1个月或者1个季度。

纳税人的具体纳税期限,由主管税务机关根据纳税人应纳税额的大小分别核定,不能按照固定期限纳税的,可以按次纳税。

纳税人以1个月或者1个季度为一个纳税期的,自期满之日起15日内申报纳税;以1日、3日、5日、10日或者15日为一个纳税期的,自期满之日起5日内预缴税款,于次月1日起15 日内申报纳税并结清上月应纳税款。

纳税人进口货物的,自海关填发税款缴纳证的次日起 7 日内缴纳税款。纳税人出口适用零税率的货物,办理出口手续后,凭出口报关单等单证按月向税务机关申报办理该项出口货物的退税。

3. 纳税地点——纳税人申报缴纳税款的地点

规定纳税人申报纳税的地点,既有利于税务机关实施税源控管,防止税收流失,又有利于纳税人及时缴纳税款。

(1)销售货物或提供应税劳务的纳税地点

根据纳税人是否为固定业户以及销售货物或提供应税劳务的发生地点来确定,具体规定如下:

①固定业户的纳税地点:固定业户应当向其机构所在地主管税务机关申报纳税。总机构和分支机构不在同一县(市)的,应当分别向各自所在地主管税务机关申报纳税;经国家税务总局或其授权的税务机关批准,可以由总机构汇总向其所在地主管税务机关申报纳税。固定业户的总、分支机构不在同一县(市),但在同一省、自治区、直辖市范围内的,其分支机构应纳的增值税是否可由总机构汇总缴纳,由省、自治区、直辖市税务局决定。

固定业户到外县(市)销售货物,应当向其机构所在地主管税务机关申请开具外出经营活动税收管理证明,回其机构所在地向税务机关申报纳税。未持有其机构所在地主管税务机关核发的外出经营活动税收管理证明的, 销售地主管税务机关一律按 6%的征收率征税,其在销售地发生的销售额,回机构所在地后仍应按规定申报纳税,在销售地缴纳的税款不得从当期应纳税额中扣减。未向销售地主管税务机关申报纳税的,由其机构所在地主管税务机关补征税款。

②非固定业户的纳税地点:非固定业户销售货物或提供应税劳务,应当向销售地主管税务机关申报纳税。非固定业户到外县(市)销售货物或者应税劳务未向销售地主管税务机关申报纳税的,由其机构所在地或者居住地主管税务机关补征税款。

(2)进口货物的纳税地点

进口货物应当由纳税人或代理人向报关地海关申报纳税。

二、消费税

(一)消费税的概念与计税方法

1. 消费税的概念

消费税是对在中国境内从事生产和出口应税消费品的单位和个人征收的一种流转税,是对特定的消费品和消费行为在特定的环节征收的一种间接税。

消费税的特点:(1)消费税征税项目具有选择性。消费税以税法规定的特定产品为征税对象。国家可以根据宏观产业政策和消费政策的要求,有目的、有重点地选择一些消费品征收消费税,以适当地限制某些特殊消费品的消费需求;(2)征税环节具有单一性。消费税是在生产进口、流通或消费的某一环节一次征收(卷烟除外),而不是在消费品生产、流通或消费的每个环节多次征收,即实行一次课征制;(3)征收方法具有多样性。为了适应不同消费品的应税情况,消费税在征收方法上,可采用从价定率的征收方式,也可以选择从量定额的征收方式,还可以选择从价从量复合征收方式;(4)税收调节具有特殊性。这一特殊性表现在两个方面:一是不同的征税项目税负差异较大;二是消费税往往同有关税种配合实行加重或双重调节;(5)消费税是价内税,具有转嫁性。消费税采取价内税形式,无论在哪个环节征收,消费品中所含的消费税税款最终都要转嫁到消费者身上,由消费者负担,税负具有转嫁性,并且较其他税种更明显。

2. 消费税的计税

(1)从价计税时:实行从价定率办法征税的应税消费品,计税依据为应税消费品的销售额。应纳税额的计算公式为:

$$应纳税额=应税消费品的销售额×适用税率$$

应税消费品的销售额包括销售应税消费品从购买方收取的全部价款和价外费用。

$$销售额=应税消费品销售额+价外收费$$

值得注意的是,实行从价定率征收的消费品,其消费税税基与增值税税基是一致的,都是以含消费税(价内税)而不含增值税(价外税)的销售额作为计税基数。

(2)从量计税时:用从量定额的办法征税,其计税依据是纳税人销售应税消费品的数量,其计税公式为:

$$应纳税额=应税消费品数量×消费税单位税额$$

(3)从价定率和从量定额复合征收:

$$实行复合计税办法计算的应纳税额=销售额×比例税率+销售数量×定额税率$$

(二)消费税纳税人

消费税的纳税人是我国境内生产、委托加工、零售和进口《中华人民共和国消费税暂行条例》规定的应税消费品的单位和个人。

单位是指国有企业、集体企业、私有企业、股份制企业、外商投资企业和外国企业、其他企业和行政单位、事业单位、军事单位、社会团体及其他单位。

个人是指个体经营者及其他个人。

"中华人民共和国境内"是指生产、委托加工和进口应税消费品的起运地或所在地在中国境内。

(三)消费税税目与税率

1. 消费税税目

我国共有14个税目,分别为烟、酒及酒精、化妆品、贵重首饰及珠宝玉石、鞭炮、焰火、成品油、汽车轮胎、小汽车、摩托车、高尔夫球及球具、高档手表、游艇、木制一次性筷子、实木地板。

2. 消费税税率

采用比例税率和定额税率两种形式。

消费税税目税率表

税　目	税　率
一、烟	
1.卷烟	
（1）甲类卷烟	45%加 0.003 元/支
（2）乙类卷烟	30%加 0.003 元/支
2.雪茄烟	25%
3.烟丝	30%
二、酒及酒精	
1.白酒	20%加 0.5 元/500 克（或者 500 毫升）
2.黄酒	240 元/吨
3.啤酒	
（1）甲类啤酒	250 元/吨
（2）乙类啤酒	220 元/吨
4.其他酒	10%
5.酒精	5%
三、化妆品	30%
四、贵重首饰及珠宝玉石	
1.金银首饰、铂金首饰和钻石及钻石饰品	5%
2.其他贵重首饰和珠宝玉石	10%
五、鞭炮、焰火	15%
六、成品油	
1.汽油	
（1）含铅汽油	0.28 元/升
（2）无铅汽油	0.20 元/升
2.柴油	0.10 元/升
3.航空煤油	0.10 元/升
4.石脑油	0.20 元/升
5.溶剂油	0.20 元/升
6.润滑油	0.20 元/升
7.燃料油	0.10 元/升

（续表）

七、汽车轮胎	3%
八、摩托车	
1.气缸容量(排气量,下同)在250毫升(含250毫升)以下的	3%
2.气缸容量在250毫升以上的	10%
九、小汽车	
1.乘用车	
(1)气缸容量(排气量,下同)在1.0升(含1.0升)以下的	1%
(2)气缸容量在1.0升以上至1.5升(含1.5升)的	3%
(3)气缸容量在1.5升以上至2.0升(含2.0升)的	5%
(4)气缸容量在2.0升以上至2.5升(含2.5升)的	9%
(5)气缸容量在2.5升以上至3.0升(含3.0升)的	12%
(6)气缸容量在3.0升以上至4.0升(含4.0升)的	25%
(7)气缸容量在4.0升以上的	40%
2.中轻型商用汽车	5%
十、高尔夫球及球具	10%
十一、高档手表	20%
十二、游艇	10%
十三、木制一次性筷子	5%
十四、实木地板	5%

（四）消费税应纳税额

1. 销售额的确认

（1）销售应税消费品销售额的确定

销售额为纳税人销售应税消费品向购买方收取的全部价款和价外费用。价外费用是指价外收取的基金、集资费、返还利润、补贴、违约金(延期付款利息)和手续费、包装费、储备费、运输装卸费、代收款项、代垫款项以及其他各种性质的价外收费,但下列款项不包括在内:

①承运部门的运费发票开具给购货方的;

②纳税人将该项发票转交给购货方的,其他价外费用,无论是否属于纳税人的收入,均应并入销售额计算征税。

若销售额采取价税合并方式定价的,在计算消费税时,还应将含增值税的销售额换算为不含增值税税款的销售额。其换算公式为:

应税消费品的销售额=含增值税的销售额÷(1+增值税税率或征收率)

应税消费品连同包装物销售的,无论包装物是否单独计价,也不论在会计核算上如何核算,均应并入应税消费品的销售额中征收消费税。如果包装物不作价随同产品销售,而是收取押金,此项押金则不应并入应税消费品销售额中征税。但对逾期未收回的包装物不再退还的和已收取一年以上的押金,应并入应税消费品的销售额,按照应税消费品的适用税率征收消费税。

对既作价随同应税消费品销售,又另外收取押金的包装物的押金,凡纳税人在规定的期限内不予退还的,均应并入应税消费品的销售额,按照应税消费品的适用税率征收消费税。

对于以外汇结算销售额的,应选择结算当天或当月1日的国家外汇牌价,纳税人应在事先确定采取何种折合率,确定后1年内不得变更。

(2)自产自用和委托加工的应税消费品销售额的确定

自产自用和委托加工的应税消费品,按照本企业同类消费品的销售价格计算应纳税款。同类产品的销售价格是指纳税人或代收代缴义务人当月销售的同类消费品的销售价格。如果当月各期销售价格高低不同,则应按销售数量加权平均计算。但销售的应税消费品有下列情况之一者,不得列入加权平均数据:一是销售价格明显偏低又无正当理由的;二是无销售价格的。如果当月没有发生销售或当月未完结,应按照同类消费品上月或最近月份的销售价格计算纳税。如果上述办法均无法确定销售额的,可以按组成计税价格计算:

$$自产自用的组成计税价格=(成本+利润)÷(1-比例税率)$$
$$委托加工的组成计税价格=(材料成本+加工费)÷(1-比例税率)$$

2. 销售量的确认

销售数量是指纳税人生产、加工和进口应税消费品的数量。具体规定为:

(1)销售应税消费品的,为应税消费品的销售数量;

(2)自产自用应税消费品的,为应税消费品的移送使用数量;

(3)委托加工应税消费品的,为纳税人收回的应税消费品数量;

(4)进口的应税消费品,为海关核定的征税数量。

3. 从价从量复合计征

只有卷烟、粮食白酒、薯类白酒采用复合计征的方法,其计税依据为销售额和销售数量。销售额和销售数量的确定仍按上述办法确认,但组成计税价格的计算不同:

$$自产自用的组成计税价格=(成本+利润+自产自用数量×定额税率)÷(1-比例税率)$$
$$委托加工的组成计税价格=(材料成本+加工费+委托加工数量×定额税率)÷(1-比例税率)$$
$$应纳税额=应税销售数量×定额税率+应税销售额×比例税率$$

4. 应税消费品已纳税款扣除

为了避免重复征税,现行消费税相关条例规定,将外购应税消费品和委托加工收回的应税消费品继续生产应税消费品销售的,可以将外购应税消费品和委托加工收回应税消费品已缴纳的消费税给予扣除。

(1)外购应税消费品已纳税额的扣除:由于某些应税消费品是用外购已缴纳消费税的应税消费品连续生产出来的,在对这些连续生产出来的应税消费品计算征税时,税法规定应按当期生产领用数量计算准予扣除外购的应税消费品已纳的消费税税款。扣除范围包括外购已税烟丝生产的卷烟,外购已税化妆品生产的化妆品,外购已税护肤护发品生产的护肤护发品,外购已税珠宝玉石生产的贵重首饰及珠宝玉石,外购已税鞭炮、焰火生产的鞭炮、焰火,外购已税汽车轮胎(内胎和外胎)生产的汽车轮胎,外购已税摩托车生产的摩托车(如用外购两轮摩托车改装三轮摩托车)。

上述当期准予扣除外购应税消费品已纳消费税税款的计算公式为:

当期准予扣除外购应税消费品已纳税款=当期准予扣除的外购应税消费品买价×外购应税消费品的适用税率

当期准予扣除外购应税消费品买价=期初库存的外购应税消费品买价+当期购进应税消费品的买价–期末库存应税消费品的买价

外购已税消费品的买价是指购货发票上注明的销售额(不包括增值税税款)。

这里需要说明的是,纳税人用外购的已税珠宝玉石生产的在零售环节征收消费税的金银首饰(镶嵌首饰),在计税时一律不得扣除外购珠宝玉石的已纳税款。

对自己不生产应税消费品,而只是购进后再销售应税消费品的工业企业,其销售的化妆品、护肤护发品、鞭炮焰火和珠宝玉石,凡不能构成最终消费品直接进入消费品市场,而需进一步生产加工的,应当征收消费税,同时允许扣除上述外购应税消费品的已纳税款。

允许扣除已纳税款的应税消费品只限于从工业企业购进的应税消费品和进口环节已缴纳消费税的应税消费品,对从境内商业企业购进应税消费品的已纳税款一律不得扣除。

(2)委托加工的应税消费品已由受托方代收代缴消费税,因而对下列加工收回后用于连续生产的应税消费品,在计税时按当期生产领用数量计算,准予扣除委托加工的应税消费品已纳的消费税税款:

①以委托加工收回的已税烟丝生产的卷烟;

②以委托加工收回的已税酒和酒精生产的酒;

③以委托加工收回的已税化妆品生产的化妆品;

④以委托加工收回的已税护肤护发品生产的护肤护发品;

⑤以委托加工收回的已税珠宝玉石生产的贵重首饰及珠宝玉石;

⑥以委托加工收回的已税鞭炮焰火生产的鞭炮焰火;

⑦以委托加工收回的已税汽车轮胎(内胎和外胎)生产的汽车轮胎;

⑧以委托加工收回的已税摩托车生产的摩托车 (如用委托加工的两轮摩托车改装三轮摩托车)。

上述当期准予扣除委托加工收回的应税消费品已纳消费税税款的计算公式是:

当期准予扣除的委托加工应税消费品已纳税款 = 期初库存的委托加工应税消费品已纳税款 + 当期收回的委托加工应税消费品已纳税款 – 期末库存的委托加工应税消费品已纳税款

(五)消费税征收管理

1. 纳税义务发生时间——根据权责发生制的原则确定

纳税人生产的应税消费品,于销售时纳税;进口的应税消费品,于报关进口时纳税。

针对不同的销售结算方式和情况,税法分别规定了不同的纳税义务发生时间。

(1)纳税人采取赊销和分期收款结算方式的,其纳税义务的发生时间为销售合同规定的收款日期的当天。

(2)纳税人采取预收货款结算方式的,其纳税义务的发生时间为发出应税消费品的当天。

(3)纳税人采取托收承付和委托银行收款方式销售的应税消费品,其纳税义务的发生时间为发出应税消费品并办妥托收手续的当天。

(4)纳税人采取其他结算方式的,其纳税义务的发生时间为收讫销售款或者取得索取销售款的凭据的当天。

(5)纳税人自产自用的应税消费品,其纳税义务的发生时间为移送使用的当天。

(6)纳税人委托加工的应税消费品,其纳税义务的发生时间为纳税人提货的当天。

(7)纳税人进口的应税消费品,其纳税义务的发生时间为报关进口的当天。

2. 纳税期限

消费税的纳税期限分别为 1 日、3 日、5 日、10 日、15 日、1 个月或者 1 个季度。纳税人的具体纳税期限,由主管税务机关根据纳税人应纳税额的大小分别核定,不能按照固定期限纳税的,可以按次纳税。

纳税人以 1 个月或者 1 个季度为一个纳税期的,自期满之日起 15 日内申报纳税;以 1 日、3 日、5 日、10 日或者 15 日为一个纳税期的,自期满之日起 5 日内预缴税款,于次月 1 日起 15 日内申报纳税并结清上月应纳税款。

纳税人进口应税消费品,应当自海关填发海关进口消费税专用缴款书之日起 15 日内缴纳税款。

3. 纳税地点

(1)纳税人销售的应税消费品,以及自产自用的应税消费品,除国务院财政、税务主管部门另有规定外,应当向纳税人机构所在地或者居住地的主管税务机关申报纳税。

(2)委托加工的应税消费品,除受托方为个人外,由受托方向机构所在地或者居住地的主管税务机关解缴消费税税款。

(3)进口的应税消费品,由进口人或者其代理人向报关地海关申报纳税。

(4)纳税人到外县(市)销售或者委托外县(市)代销自产应税消费品的,于应税消费品销售后,向机构所在地或者居住地的主管税务机关申报纳税。

三、营业税

(一)营业税的概念

营业税是对在我国境内提供应税劳务、转让无形资产或销售不动产的单位和个人,就其所取得的营业额征收的一种税。

对营业税可以从三个方面来理解:

第一,"在中华人民共和国境内"是指提供或者接受应税劳务的单位或者个人在境内,所转让的无形资产(不含土地使用权)的接受单位或个人在境内,所转让或者出租土地使用权的土地在境内,所销售或出租的不动产在境内。

第二,应税劳务是指属于交通运输业、建筑业、金融保险业、邮电通讯业、文化体育业、娱乐业、服务业税目征收范围的劳务。加工、修理、修配劳务属于增值税范围,不属于营业税应税劳务。

第三,提供应税劳务、转让无形资产或者销售不动产是指有偿提供应税劳务、有偿转让无形资产、有偿销售不动产的行为。有偿是指通过提供、转让、销售行为取得货币、货物及其他经济利益。

（二）营业税纳税人

在中华人民共和国境内提供《中华人民共和国营业税暂行条例》规定的应税劳务、转让无形资产或者销售不动产的单位和个人。

企业租赁或承包给他人经营的，以承租人或承包人为纳税人。

单位和个体户的员工、雇工在为本单位或雇主提供劳务时，不是纳税人。

（三）营业税的税目、税率

1. 营业税税目

交通运输业、建筑业、金融保险业、邮电通信业、文化体育业以及娱乐业、服务业等。

2. 营业税税率

(1)交通运输业、建筑业、邮电通信业、文化体育业，税率为3%。

(2)服务业、销售不动产、转让无形资产，税率为5%。

(3)金融保险业税率为5%。

(4)娱乐业执行5%~20%的幅度税率，具体使用的税率由各省、自治区、直辖市人民政府根据当地的实际情况在税法规定的幅度内决定。

营业税税目税率表

税　目	税　率
一、交通运输业	3%
二、建筑业	3%
三、金融保险业	5%
四、邮电通信业	3%
五、文化体育业	3%
六、娱乐业	5%~20%
七、服务业	5%
八、转让无形资产	5%
九、销售不动产	5%

（四）营业税应纳税额

1. 基本规定

现行的营业税以营业额为计税依据，即纳税人提供应税劳务、转让无形资产或者销售不动产，向对方收取的全部价款和价外费用。价外费用包括收取的手续费、补贴、基金、集资费、返还利润、奖励费、违约金、滞纳金、延期付款利息、赔偿金、代收款项、代垫款项、罚息及其他各种性质的价外收费，但不包括同时符合以下条件代为收取的政府性基金或者行政事业性收费：

(1) 由国务院或者财政部批准设立的政府性基金，由国务院或者省级人民政府及其财

政、价格主管部门批准设立的行政事业性收费;

(2)收取时开具省级以上财政部门印制的财政票据;

(3)所收款项全额上缴财政。

$$应纳税额=营业额×税率$$

2. 特殊规定

价格明显偏低的计税依据的核定方法,主管税务机关有权依据以下原则确定营业额:

(1)按纳税人当月提供的同类应税劳务或者销售的同类不动产的平均价格核定。

(2)按纳税人最近时期提供的同类应税劳务或者销售同类不动产的平均价格核定。

(3)按下列公式核定计税价格

$$计税价格=营业成本或工程成本×(1+成本利润率)÷(1-营业税税率)$$

(4)对公路、内河货物运输的自开票纳税人,其联运业务以其向货主收取的运费及其他价外收费减去付给其他联运合作方运费后的余额为营业额计算征收营业税。

3. 各具体行业的计税依据

(1)交通运输业的营业额包括全部价款和价外费用。

①中央铁路运输:旅客票价收入、行李运费收入、包裹运费收入、邮运运费收入、货物运费收入以及客货运服务收入、旅游车上浮票价收入、运营临管线收入、保价收入、铁路建设基金。

②航空运输企业:航空运输企业开展客运、货运、通用航空等空中运输业务,而取得的各项收入以及运输价款中包含的保险费和价外收取的各种名目的基金或费用,不得作出任何扣除。民航部门取得的地面服务收入,其营业额为收入全额。

③水路运输:水运部门的各项收入和运输价款中包含的保险费以及价外收取的各种基金或费用,以收入全额为营业额。水运部门取得的服务性收入,以收入全额为营业额。

代开发票纳税人从事联运业务的,其计征营业税的营业额为代开的货物运输业发票注明营业税应税收入,不得减除支付给其他联运合作方的各种费用。

(2)建筑业的计税依据:建筑业营业税的营业额为承包建筑、修缮、安装、装饰和其他工程作业所取得的营业收入额,建筑安装企业向建设单位收取的工程价款(即工程造价)及工程价款之外收取的各种费用。纳税人从事建筑、修缮、装饰工程作业,无论与对方如何结算,其营业额均应包括工程所用原材料及其他物资和动力的价款在内。

$$工程价款=直接费+间接费+计划利润+税金$$

(3)金融保险业计税依据:对一般贷款、典当、金融经纪业等中介服务,以取得的利息收入全额或手续费收入全额为营业额;对转贷外汇,按贷款利息收入减去支付境外的借款利息支出后的余额为营业额;对外汇、证券、期货等金融商品转让,按卖出价减去买入价后的差额为营业额。

①一般贷款业务的营业额为贷款利息收入(包括各种加息、罚息)。

②融资租赁的营业额是以向承租者收取的全部价款和价外费用(包括残值)减去出租方承担的出租货物的实际成本后,以直线法折算出余额为营业额。

③金融商品转让业务,按照股票、债券、外汇、其他四大类来划分,各有不同。

④金融经纪业务和其他金融业务(中间业务)营业额为手续费(佣金)类的全部收入,包括价外收取的代垫、代收、代付费用加价等,从中不得做任何扣除。保险企业开展无赔偿奖励业务的,以向投保人实际收取的保费为营业额。

(4)通信业的计税依据包括邮政业务的营业额和电信业务的营业额。

(5)文化体育业的计税依据:文化体育业的计税依据就是纳税人经营文化业、体育业取得的全部收入。单位或个人进行演出,以全部收入减去付给提供演出场所的单位、演出公司或经纪人的费用后的余额为营业额。广播电视有线数字付费频道业务应由直接向用户收取数字付费频道收视费的单位、按其向用户收取的收视费金额,向所在地主管税务机关缴纳营业税。对各合作单位分得的收视费收入,不再征收营业税。

(6)娱乐业的计税依据为经营娱乐业向顾客收取的各项费用。

(7)服务业的计税依据是纳税人提供服务业劳务向对方收取的全部价款和价外费用。

(8)纳税人转让无形资产的营业额,为纳税人转让无形资产从受让方取得的货币、货物和其他经济利益。

(9)纳税人销售不动产的营业额为纳税人销售不动产时,从购买方取得的全部价款和价外费用(含货币、货物或其他经济利益)。

①房地产开发公司销售商品房时的代收资金及费用,不论其财务上如何核算,均应当全部作为销售不动产的营业额计征营业税。

②单位将不动产无偿赠与他人,税务机关有权核定其营业额。

③劳务公司和物业管理单位营业额的确定:劳务公司接受用工单位的委托,为其安排劳动力,凡用工单位将其应支付给劳动力的工资和为劳动力上交的社会保险(包括养老保险金、医疗保险、失业保险、工伤保险等)以及住房公积金统一交给劳务公司代为发放或办理的,以劳务公司从用工单位收取的全部价款减去代收转付给劳动力的工资和为劳动力办理社会保险及住房公积金后的余额为营业额。

④从事物业管理的单位,以与物业管理有关的全部收入减去代业主支付的水、电、燃气以及代承租者支付的水、电、燃气、房屋租金的价款后的余额为营业额。

⑤转让企业产权的行为不应征收营业税。

(五)营业税征收管理

1.纳税义务发生时间,为纳税人提供应税劳务、转让无形资产或者销售不动产并收讫营业收入款项或者取得索取营业收入款项凭据的当天。国务院财政、税务主管部门另有规定的,从其规定。

(1)取得索取营业收入款项凭据的当天,为书面合同确定的付款日期的当天;未签订书面合同或者书面合同未确定付款日期的,为应税行为完成的当天。

(2)纳税人转让土地使用权或者销售不动产,采取预收款方式的,其纳税义务发生时间为收到预收款的当天。

(3)纳税人提供建筑业或者租赁业劳务,采取预收款方式的,其纳税义务发生时间为收到预收款的当天。

(4)纳税人发生将不动产或者土地使用权无偿赠送其他单位或者个人的,其纳税义务发生时间为不动产所有权、土地使用权转移的当天。

(5)纳税人发生自建行为的,其纳税义务发生时间为销售自建建筑物的纳税义务发生时间。

2.营业税的纳税期限分别为5日、10日、15日、1个月或者1个季度。纳税人的具体纳税期限,由主管税务机关根据纳税人应纳税额的大小分别核定;不能按照固定期限纳税的,可以按次纳税。

纳税人以1个月或者1个季度为一个纳税期的,自期满之日起15日内申报纳税;以5日、10日或者15日为一个纳税期的,自期满之日起5日内预缴税款,于次月1日起15日内申报纳税并结清上月应纳税款。

3.纳税地点实行属地征收管理,根据纳税人的情况和便于征收管理的原则确定。

按照营业税相关法规的有关规定,纳税人申报缴纳营业税税款的地点,一般是纳税人应税劳务的发生地、土地和不动产的所在地。具体规定为:

(1)纳税人提供应税劳务应向劳务发生地的主管税务机关申报缴税;纳税人提供的应税劳务发生在外县(市)的,应向劳务发生地主管税务机关申报纳税而未申报的,由其机构所在地或居住地主管税务机关补征。自2009年起,营业税纳税人提供应税劳务的纳税地点,由按劳务发生地原则确定调整为按机构所在地或者居住地原则确定。这一规定可以解决在实际执行中一些应税劳务的发生地难以确定的问题。

(2)纳税人从事运输业务,应当向其机构所在地主管税务机关申报纳税,但中央铁路运营业收入的纳税地点在铁道部机构所在地。

(3)纳税人承包的工程跨省(自治区、直辖市)的,向其机构所在地税务机关申报纳税。

(4)纳税人转让土地使用权或者销售不动产,应当向该土地或不动产的所在地税务机关申报纳税。

(5)纳税人转让除土地使用权以外的其他无形资产的,应当向其机构所在地的税务机关纳税。

(6)代扣代缴营业税的地点为扣缴义务人机构所在地,但国家开发银行委托中国建设银行的贷款业务,由国家开发银行集中在其机构所在地缴纳。中国农业发展银行在其省级以下机构建立前,其委托中国农业银行的贷款业务,由中国农业发展银行的省级分行集中于其机构所在地缴纳。

四、企业所得税

(一)企业所得税的概念

企业所得税是对我国境内的企业和其他取得收入的组织的生产经营所得和其他所得征税的所得税。

企业所得税是现代市场经济国家普遍开征的重要税种,是市场经济国家参与企业利润分配、正确处理国家与企业分配关系的一个重要税种。由于各国仅对公司征收企业所得税,对个人独资企业和合伙企业则征收个人所得税,因此在许多国家,企业所得税又称为公司所得税或法人所得税。迄今已有160多个国家或地区开征企业所得税、公司所得税、法人所得税等。不同国家对这一税种名称的确定,受到各国法律术语习惯和法律制度规范的影响。理论上说,名称的不同意味着征收范围的差异。尽管我国选择的是"企业所得税"的概念,但企业所得税中"企业"的概念与企业法所指的"企业"的范畴并不一致。我国《企业所得税法》有关纳税人的规定,构成了其所使用的"企业"的概念的内涵,实质上属于"法人"的范畴。由于"企业"的概念比"法人"的概念更容易为公众所接受,更符合我国税制传统,因而立法最终确立的是"企业所得税",实际上规定的却是"法人所得税"的纳税人的范围,即企业和其他取得收入的组织。个人独资企业和合伙企业不在其范围之内。

(二)企业所得税纳税人

在中华人民共和国境内,企业和其他取得收入的组织(以下统称企业)为企业所得税的纳税人,依照相关法律的规定缴纳企业所得税。其中包括各类企业、事业单位、社会团体、民办非企业单位和从事经营活动的其他组织。

为了有效行使我国税收管辖权,最大限度地维护我国的税收利益,《企业所得税法》选择了来源地税收管辖权和居民税收管辖权相结合的混合管辖权,具体标准为登记注册地标准和实际管理机构标准,并把企业分为居民企业和非居民企业。

1. 居民企业

《企业所得税法》规定,居民企业是指依法在中国境内成立,或者依照外国(地区)法律成立但实际管理机构在中国境内的企业。

2. 非居民企业

《企业所得税法》规定,非居民企业是指依照外国(地区)法律成立且实际管理机构不在中国境内,但在中国境内设立机构、场所的,或者在中国境内未设立机构、场所,但有来源于中国境内所得的企业。

(三)企业所得税征税对象

企业所得税的征税对象是指企业的生产经营所得、其他所得和清算所得。其中包括销售货物所得、提供劳务所得、转让财产所得、股息红利等权益性投资所得以及利息所得、租金所得、特许权使用费所得、接受捐赠所得等。

1. 居民企业应当就其来源于中国境内、境外的所得缴纳企业所得税。

2. 非居民企业在中国境内设立机构、场所的,应当就其所设机构、场所取得的来源于中国境内的所得,以及发生在中国境外但与其所设机构、场所有实际联系的所得,缴纳企业所得税。非居民企业在中国境内未设立机构、场所的,或者虽设立机构、场所但取得的所得与其所设机构、场所没有实际联系的,应当就其来源于中国境内的所得缴纳企业所得税。所谓实际联系,就是指非居民企业在中国境内设立的机构、场所拥有据以取得所得的股权、债权,以及拥有、管理、控制据以取得所得的财产等。

(四)企业所得税税率

企业所得税实行比例税率,现行规定是:

1. 基本税率为25%。

2. 低税率为20%。适用于在中国境内未设立机构、场所的,或者虽设立机构、场所,但取得的所得与其所设机构、场所没有实际联系的非居民企业。

档 次	税 率	适用企业
1	15%	国家需要重点扶持的高新技术企业
2	20%	1.符合条件的小型微利企业。 2.在中国境内未设立机构、场所的,或者虽设立机构、场所但取得的所得与其所设机构、场所没有实际联系的非居民企业。
3	25%	其他上述未包含的企业或机构

（五）企业所得税应纳税所得额

应纳税所得额是指企业每一纳税年度的收入总额,减去不征税收入、免税收入、各项扣除以及允许弥补的以前年度亏损后的余额。计算公式为:

$$应纳税额=应纳税所得额×税率$$

应纳税所得额=收入总额-不征税收入-免税收入-准予扣除的项目-以前年度亏损

企业应纳税所得额的计算,以权责发生制为原则,属于当期的收入和费用,不论款项是否收付,均作为当期的收入和费用。不属于当期的收入和费用的,即使款项已经在当期收付,均不作为当期的收入和费用,但《企业所得税法实施条例》和国务院财政、税务主管部门另有规定的除外。在计算应纳税所得额时,企业财务、会计处理办法与税收法律法规的规定不一致的,应当依照税收法律法规的规定计算。要正确计算企业所得税的应纳税额,必须首先确定应纳税所得额。

1. 收入总额

企业以货币形式和非货币形式从各种来源取得的收入,为收入总额。包括纳税人来源于中国境内、境外的生产经营收入和其他收入。具体表现为:销售货物收入,提供劳务收入,转让财产收入,股息、红利等权益性投资收益,利息收入,租金收入,特许权使用费收入,接受捐赠收入以及其他收入。

2. 不征税收入

不征税收入是指从性质和根源上不属于企业营利性活动带来的经济利益,不负有纳税义务并且不作为应纳税所得额组成部分的收入。具体表现为:

(1)财政拨款;

(2)依法收取并纳入财政管理的行政事业性收费、政府性基金;

(3)国务院规定的其他不征税收入,即企业取得的由国务院财政、税务主管部门规定专项用途,并经国务院批准的财政性资金。

3. 免税收入

(1)国债利息收入;

(2)符合规定条件的居民企业之间的股息、红利等权益性投资收益;

(3)在中国境内设立机构、场所的非居民企业,从居民企业取得与该机构、场所有实际联系的股息、红利等权益性投资收益;

(4)符合规定条件的非营利性组织的收入。

4. 准予扣除的项目

《企业所得税法》规定了对企业实际发生的与取得收入有关的、合理的支出,允许税前扣除的一般扣除项目,同时明确不得税前扣除的禁止扣除项目,还规定了允许税前扣除的特殊扣除项目。

(1)一般扣除项目

一般扣除项目是指企业实际发生的与取得收入有关的、合理的支出,包括成本、费用、税金、损失和其他支出,准予在计算应纳税所得额时扣除。上述支出,必须与取得收入直接相关,还必须符合生产经营活动常规,应当计入当期损益或者有关资产成本的必要和正常的支出。现对各类一般扣除项目分别进行介绍。

成本是指企业在生产经营活动中发生的销售成本、销货成本、业务支出以及其他耗费。

费用是指企业在生产经营活动中发生的销售费用、管理费用和财务费用,已经计入成本的有关费用除外。

税金是指企业发生的除企业所得税和允许抵扣的增值税以外的各项税金及其附加,即纳税人按照规定缴纳的消费税、营业税、资源税、土地增值税、关税、城市维护建设税、教育费附加,以及发生的房产税、车船税、土地使用税、印花税等税金及附加。企业缴纳的房产税、车船税、土地使用税、印花税等,已经计入管理费用中扣除的,不再作为税金单独扣除。企业缴纳的增值税属于价外税,故不在扣除之列。

损失是指企业在生产经营活动中发生的固定资产和存货的盘亏、毁损、报废损失,转让财产损失,呆账损失,坏账损失,自然灾害等不可抗力因素造成的损失以及其他损失。

其他支出是指除成本、费用、税金、损失外,企业在生产经营活动中发生的与生产经营活动有关的、合理的支出。

亏损弥补指纳税人发生年度亏损的,可以用下一纳税年度的所得弥补,下一纳税年度的所得不足弥补的,可以逐年延续弥补,但是延续弥补期限最长不得超过 5 年。5 年内不论是盈利或亏损,都作为实际弥补期限计算。

(2)不得扣除的项目

在计算应纳税所得额时,不得扣除的支出有:向投资者支付的股息、红利等权益性投资收益款项;企业所得税税款;税收滞纳金;罚金、罚款和被没收财务的损失;根据国家税务总局关于印发《企业所得税年度纳税申报表》通知(国税发[2008]101 号)的规定,罚金、罚款和被没收财物的损失,不包括纳税人按照经济合同规定支付的违约金(包括银行罚息)、罚款和诉讼费;年度利润总额 12%以外的公益性捐赠支出;赞助支出,即企业发生的与生产经营活动无关的各种非广告性质支出;未经核定的准备金支出,即不符合国务院财政、税务主管部门规定的各项资产减值准备、风险准备等准备金支出,除财政部和国家税务总局核准计提的准备金可以税前扣除外,其他行业、企业计提的各项资产减值准备、风险准备等准备金均不得税前扣除。2008 年 1 月 1 日前按照原《企业所得税法》规定计提的各类准备金,在 2008 年 1 月 1 日后未经财政部和国家税务总局核准的,企业以后年度实际发生的相应损失,应先冲减各项准备金余额。企业之间支付的管理费、企业内营业机构之间支付的租金和特许权使用费,以及非银行企业内营业机构之间支付的利息,不得扣除。

(3)特殊扣除项目

①公益性捐赠的税前扣除:企业发生的公益性捐赠支出,在年度利润总额12%以内的部分,准予在计算应纳税所得额时扣除。

②工资薪金支出的税前扣除:企业发生的合理的工资薪金支出,准予扣除。工资薪金是指企业每一纳税年度支付给在本企业任职或者受雇的员工的所有现金形式或者非现金形式的劳动报酬,包括基本工资、奖金、津贴、补贴、年终加薪、加班工资以及与员工任职或者受雇有关的其他支出。

③社会保险费的税前扣除:企业依照国务院有关主管部门或者省级人民政府规定的范围和标准,为职工缴纳的基本养老保险费、基本医疗保险费、失业保险费、工伤保险费、生育保险费等基本社会保险费和住房公积金,准予扣除。企业为投资者或者职工支付的补充养老保险费、补充医疗保险费,在国务院财政、税务主管部门规定的范围和标准内,准予扣除。

④职工福利费等的税前扣除:企业发生的职工福利费支出,不超过工资薪金总额14%的部分,准予扣除;企业拨缴的工会经费,不超过工资薪金总额2%的部分,准予扣除;除国务院财政、税务主管部门另有规定外,企业发生的职工教育经费支出,不超过工资薪金总额的2.5%的部分,准予扣除,超过部分,准予在以后纳税年度结转扣除。

(六)企业所得税征收管理

1. 纳税地点

居民企业以企业登记注册地为纳税地点,但登记注册地在境外的,以实际管理机构所在地为纳税地点。非居民企业的纳税地点按其是否在中国境内设立机构、场所分别确定:在中国境内设立机构、场所的,以机构、场所所在地为纳税地点;非居民企业在中国境内未设立机构、场所的,或者虽设立机构、场所但取得的所得与其所设机构、场所没有实际联系的,取得来源于中国境内的所得应以扣缴义务人所在地为纳税地点。

2. 纳税期限

企业所得税实行按年计算、分月或分季预交、年度汇算清缴、多退少补的征纳方法,具体纳税期限由主管税务机关根据纳税人应纳税额的大小予以核定。

企业所得税的纳税年度,自公历1月1日起到12月31日止。企业在一个年度中间开业,或者由于合并、关闭等原因,使该纳税年度的实际经营期不足12个月的,应当以其实际经营期为一个纳税年度。纳税人清算时,应当以清算期间作为一个纳税年度。纳税人来源于境外的所得,不论是否汇回,均应按照《实施细则》的规定,即每年1月1日至12月31日作为一个纳税年度。

3. 纳税申报

企业所得税分月或者分季预缴。企业应当自月份或者季度终了之日起15日内,向税务机关报送预缴企业所得税纳税申报表,预缴税款。

纳税人预缴方法一经确定,不得随意变更。企业所得税的年终汇算清缴,在年终后5个月内,向税务机关报送年度企业所得税纳税申报表,并汇算清缴,结清应缴应退税款。企业在报送企业所得税申报表时,应按规定附送财务报告和其他有关资料。

对于纳税人的境外投资所得,可以在年终汇算时清缴。纳税人在纳税年度内,无论是盈利或亏损,均应按规定的期限办理纳税申报。纳税人进行清算时,应当在进行工商注销登记之前,向当地主管税务机关进行所得税申报。

五、个人所得税

(一)个人所得税的概念

个人所得税是以自然人取得的各类应税所得为征税对象而征收的一种所得税,是政府利用税收对个人收入进行调节的一种手段。

(二)个人所得税纳税义务人

个人所得税纳税义务人是指在中国境内有住所,或者无住所而在境内居住满1年,从中国境内和境外取得所得的个人,以及在中国境内无住所又不居住或者无住所而在境内居住不满1年,从中国境内取得所得的个人,均为个人所得税的纳税义务人。具体包括:中国公民,个体工商户,香港、澳门、台湾同胞和华侨,外籍个人。

1. 居民纳税人

在中国境内有住所的个人或者在中国境内无住所,但在一个纳税年度中居住满1年的人为居民纳税人。

居民纳税人负有无限纳税义务,即对本国居民纳税人取得来源于全世界范围的所得实施征税权。因此,我国税法规定,凡是中国居民纳税人从中国境内和境外取得的所得,均应在中国缴税。

同时,对在中国境内无住所而居住满1年构成中国居民纳税人的,给予一定的优惠照顾。如果在中国境内居住满1年但不满5年的,其境外所得,只就由中国境内的公司、企业以及其他经济组织或个人支付(或负担)的部分在中国纳税,境外支付部分免税。如果居住满5年的,从第6年起的以后各年度中,凡在境内居住满1年的,应合并其境内和境外所得在中国纳税。不满1年的,其境外所得免税,仅就境内所得纳税。不满90天或183天的,其境外的所得免税,境内所得仅就由境内企业支付或负担的部分纳税,由境外雇主支付的部分免税。

2. 非居民纳税人

在中国境内无住所又不居住但有来源于中国境内收入的个人,或者在中国境内无住所,并且在一个纳税年度中居住不满1年但有来源于中国境内收入的个人为非居民纳税人。

非居民纳税人仅负有限纳税义务,即仅就来源于中国境内的所得纳税。但对在中国境内无住所且在一个纳税年度中在华连续或累计居住不足90天的个人,其取得的中国境内所得,由境外雇主支付并且不转嫁给该雇主在中国境内的场所负担的部分免税。

(三)个人所得税的应税项目和税率

1. 个人所得税应税项目

(1)工资、薪金所得,即个人因任职或者受雇而取得的工资、薪金、奖金、年终加薪、劳动分红、津贴、补贴以及与任职或者受雇有关的其他所得。

(2)个体工商户的生产、经营所得,即:①个体工商户从事工业、手工业、建筑业、交通运输业、商业、饮食业、服务业、修理业及其他行业取得的所得;②个人经政府有关部门批准,取得执照,从事办学、医疗、咨询以及其他有偿服务活动取得的所得;③上述个体工商户和个人取得的与生产、经营有关的各项应税所得;④个人因从事彩票代销业务而取得所得,应按照"个体工商户的生产、经营所得"项目计征个人所得税;⑤其他个人从事个体工商业生产、经营取得的所得。

个体工商户的上述生产、经营所得实际上可以分为两类:一类是纯生产、经营所得,如第①②③④项所得,指个人直接从事工商各业生产、经营活动而取得的生产性、经营性所得以及有关的其他所得。另一类是独立劳动所得,如第⑤项所得。所谓独立劳动,是指个人所从事的是由自己自由提供的,不受他人指定、安排和具体管理的劳动。

从事个体出租车运营的出租车驾驶员取得的收入,按个体工商户的生产、经营所得项目缴纳个人所得税。出租车属个人所有,但挂靠出租汽车经营单位或企事业单位,驾驶员向挂靠单位缴纳管理费的,或出租汽车经营单位将出租车所有权转移给驾驶员的,出租车驾驶员从事客货运营取得的收入,比照个体工商户的生产、经营所得项目征税。

个体工商户和从事生产、经营的个人,取得与生产、经营活动无关的其他各项应税所得,应分别按照其他应税项目的有关规定计算征收个人所得税。如取得银行存款的利息所得、对外投资取得的股息所得,应按"股息、利息、红利"税目的规定,单独计征个人所得税。

个人独资企业、合伙企业的个人投资者,以企业资金为本人、家庭成员及其相关人员支付与企业生产经营无关的消费性支出及购买汽车、住房等财产性支出,视为企业对个人投资者的利润分配,并入投资者个人的生产经营所得,依照"个体工商户的生产经营所得"项目计征个人所得税。

(3)企业、事业单位的承包经营、承租经营所得是指个人承包经营或承租经营以及转包、转租的所得。承包项目可分多种,如生产经营、采购、销售、建筑安装等各种承包。转包包括全部转包或部分转包。

(4)劳务报酬所得指个人独立从事各种非雇佣的各种劳务所得。主要包括个人从事设计、装潢、安装、制图、化验、测试、医疗、法律、会计、咨询、讲学、新闻、广播、翻译、审稿、书画、雕刻、影视、录音录像、演出、表演、广告、展览、技术服务、介绍服务、经纪服务、代办服务以及其他劳务取得的所得。

(5)稿酬所得是指个人因其作品以图书、报刊形式出版、发表的所得。将稿酬所得独立划归一个征税项目,而不以图书、报刊形式出版、发表的翻译、审稿、书画所得为劳务报酬所得,主要是考虑了出版、发表作品的特殊性:第一,它是一种依靠较高智力创作的精神产品;第二,它具有普遍性;第三,它与社会主义精神文明和物质文明密切相关;第四,它的报酬相对偏低。因此,稿酬所得应当与一般劳务报酬所得相区别,并给予适当的优惠照顾。

(6)特许权使用费所得是指个人提供专利权、商标权、著作权、非专利技术以及其他特许权的使用权的所得。提供著作权的使用权的所得,不包括稿酬所得。

(7)利息、股息、红利所得是指个人拥有债权、股权而取得的利息、股息、红利所得。

(8)财产租赁所得是指个人出租建筑物、土地使用权、机器设备、车船以及其他财产的所得。

(9)财产转让所得是指个人转让有价证券、股权、建筑物、土地使用权、机器设备、车船以及其他财产而取得的所得。

(10)偶然所得是指个人得奖、中奖、中彩以及其他偶然性质的所得。得奖是指参加各种有奖竞赛活动,取得名次得到的奖金。中奖、中彩是指参加各种有奖活动,如有奖销售、有奖储蓄或者购买彩票,经过规定程序,抽中、摇中号码而取得的奖金。偶然所得应缴纳的个人所得税税款,一律由发奖单位或机构代扣代缴。

(11)经国务院财政部门确定征税的其他所得。除上述列举的各项个人应税所得外,其他确有必要征税的个人所得,由国务院财政部门确定。个人取得的所得,难以界定应纳税所得项目的,由主管税务机关确定。

2. 个人所得税税率

(1)工资、薪金所得适用 3%~45%超额累进税率;

(2)个体工商户的生产经营所得适用 5%~35%超额累进税率;

(3)稿酬所得适用比例税率,税率为 20%,并按应纳税额减征 30%,其实际税率为14%;

(4)劳务报酬所得适用 20%的比例税率。

(四)个人所得税应纳税所得额

1. 工资、薪金所得以每月收入额减除标准扣除费用后的余额,为应纳税所得额。扣除费用标准:

(1)税款所属期为 2011 年 9 月(含 9 月)以后的,适用费用扣除标准为:国籍为中国的,一般人员费用扣除标准为 3500 元;退休返聘人员费用扣除标准为 3500 元;特殊行业人员,包括远洋运输船员、取得永久居留权的留学人员、单位外派国外人员,其费用扣除标准为 4800 元;华侨、国籍为其他国家或港澳台地区的,费用扣除标准为 4800 元。

(2)税款所属期为 2008 年 3 月(含 3 月)至 2011 年 8 月(含 8 月),适用费用扣除标准为:国籍为中国的,一般人员费用扣除标准为 2000 元;退休返聘人员费用扣除标准为 2000元;特殊行业人员,包括远洋运输船员、取得永久居留权的留学人员、单位外派国外人员,其费用扣除标准为 4800 元;华侨、国籍为其他国家或港澳台地区的,费用扣除标准为 4800 元。

(3)税款所属期为 2006 年 1 月(含 1 月)至 2008 年 2 月(含 2 月),适用费用扣除标准为:国籍为中国的,一般人员费用扣除标准为 1600 元;退休返聘人员费用扣除标准为 1600元;特殊行业人员,包括远洋运输船员、取得永久居留权的留学人员、单位外派国外人员,其费用扣除标准为 4800 元;华侨、国籍为其他国家或港澳台地区的,费用扣除标准为 4800 元。

(4) 税款所属期为 2005 年 12 月以前的 (含 12 月),中国籍一般人员费用扣除标准为1500 元;退休返聘人员费用扣除标准为 800 元;特殊行业人员,包括远洋运输船员、取得永久居留权的留学人员、单位外派国外人员,其费用扣除标准为 4000 元;国籍为其他国家或港澳台地区的,费用扣除标准为 4000 元。

2. 个体工商户的生产经营所得,以每一纳税年度的收入总额减除成本、费用以及损失后的余额,为应纳税所得额。

3. 对企事业单位的承包经营、承租经营所得,以每一纳税年度的收入总额,减除必要费用后的余额,为应纳税所得额。

4.劳务报酬所得每次收入不超过4000元的，减除费用800元;4000元以上的，减除20%的费用,其余额为应纳税所得额。

5.稿酬所得适用比例税率,税率为20%,并按应纳税额减征30%,其实际税率为14%。

6.利息、股息、红利所得,以每次收入额为应纳税所得额。

（五）个人所得税征收管理

按税法和《税收征收管理法》的规定,个人所得税采取代扣代缴义务人(简称扣缴人)代扣代缴税款和纳税人自行申报纳税相结合的方式,以及委托代征和核定征收方式进行征税。

1.自行申报纳税义务人:按《个人所得税法》和《个人所得税自行纳税申报办法(试行)》规定,个人有下列情形之一的,必须向税务机关自行申报所得并缴纳税款:

(1)年所得12万元以上的;

(2)从中国境内两处或者两处以上取得工资、薪金所得的;

(3)从中国境外取得所得的;

(4)取得应纳税所得,没有扣缴义务人的;

(5)国务院规定的其他情形。

2.代扣代缴

第三节　税收征管

【重点、难点、疑点解读及范例探究】

税务管理是指税务机关在税收征收管理中,对征纳过程实施的基础性的管理制度和管理行为。税务管理包括税务登记管理、发票管理和纳税申报管理等几个部分的内容。

一、税务登记

税务登记又称纳税登记,是税务机关依据税法规定,对纳税人的生产及经营活动进行登记管理的一项法定制度,也是纳税人依法履行纳税义务的法定手续。

《税务登记管理办法》规定,凡有法律法规规定的应税收入、应税财产或应税行为的各类纳税人,均应当办理税务登记。扣缴义务人应当履行扣缴义务,到税务机关申报登记,领取扣缴税款凭证。

税务登记种类包括:开业登记,变更登记,停业、复业登记,注销登记,外出经营报验登记。

（一）开业登记

开业登记是指从事生产经营的纳税人,经国家工商行政管理部门批准开业后办理的纳税登记。

1.开业登记的对象

开业登记的纳税人分以下两类:

(1)领取营业执照从事生产、经营的纳税人,包括企业以及企业在外地设立的分支机构和从事生产、经营的场所,还包括个体工商户和从事生产、经营的事业单位。

（2）其他纳税人。根据有关规定,不从事生产、经营,但依照法律法规的规定负有纳税义务的单位和个人,除临时取得应税收入或发生应税行为以及只缴纳个人所得税、车船使用税的外,都应按规定向税务机关办理税务登记。

2. 开业登记的时间和地点

（1）从事生产、经营的纳税人,应当自领取工商营业执照之日起 30 日内,向生产、经营地或者纳税义务发生地的主管税务机关申报办理税务登记,如实填写税务登记表并按照税务机关的要求提供有关证件、资料。

（2）上述纳税人之外的其他纳税人,除国家机关、个人外,均应当自纳税义务发生之日起 30 日内,持有关证件向所在地主管税务机关办理税务登记。

（3）比照开业登记办理的:扣缴义务人应当自扣缴义务发生之日起 30 日内,向所在地的主管税务机关申报办理扣缴税款登记;跨地区的非独立核算分支机构应当自设立之日起 30 日内,向所在地税务机关办理注册税务登记;从事生产、经营的纳税人到外县(市)临时从事生产、经营活动的,应当持税务登记证副本和所在地税务机关填开的外出经营活动税收管理证明,向营业地税务机关报验登记,接受税务管理。

3. 开业登记的内容

（1）单位名称、法定代表人或业主姓名及其居民身份证、护照或者其他证明身份的合法证件;

（2）住所、经营地点;

（3）登记注册类型及所属主管单位;

（4）核算方式;

（5）生产经营范围及经营方式;

（6）注册资金、投资总额、开户银行及账号;

（7）生产经营期限、从业人数、营业执照号码;

（8）财务负责人、办税人员及联系方式;

（9）国家税务总局确定的其他有关事项。

企业在外地的分支机构或者从事生产、经营的场所,还应当登记总机构名称、地址、法人代表、主要业务范围及财务负责人。

4. 开业登记程序

（1）税务登记的申请;

（2）纳税人办理税务登记时应提供的证件、资料:①营业执照或其他核准执业证件及工商登记表,或其他核准职业登记表复印件;②有关机关、部门批准设立的文件;③有关合同、章程、协议书;④法定代表人和董事会成员名单;⑤法定代表人或负责人或业主居民身份证、护照或者其他合法证件;⑥组织机构统一代码证书;⑦住所或经营场所证明;⑧委托代理协议书复印件;⑨属于享受税收优惠政策的企业,还应包括需要提供的相应证明、资料,税务机关需要的其他资料、证件。

企业在外地的分支机构或者从事生产、经营的场所,在办理税务登记时,还应当提供由总机构所在地税务机关出具的在外地设立分支机构的证明。

(3)税务登记表的种类和适用对象:内资企业税务登记表,分支机构税务登记表,个体经营税务登记表,其他单位税务登记表,涉外企业税务登记表。

(4)税务登记表的受理和审核:①受理;②审核:税务登记机关应当在受理之日起30日内审核完毕,符合规定的予以登记。对不符合规定的不予登记,也应在30日内答复。

(5)税务登记证的核发:税务机关在30日内发税务登记证件。

(二)变更登记

变更登记是指纳税人在办理税务登记后,原登记内容发生变化时向原税务机关申报办理变更的税务登记。

1. 变更税务登记的范围及时间要求

(1)适用范围:发生改变名称,改变法定代表人,改变经济性质或经济类型,改变住所和经营地点,改变生产经营或经营方式,增减注册资金,改变隶属关系,改变生产经营期限,改变或增减银行账号,改变生产经营权权属以及改变其他税务登记内容的。

(2)时间要求:应当自办理变更登记之日起30日内,或者应当自发生变化之日起30日内。

2. 变更税务登记的程序和方法

(1)申请;

(2)提供相关证件、资料;

(3)税务登记变更表的内容;

(4)受理;

(5)审核;

(6)发证。

(三)停业、复业登记

停业、复业登记是指纳税人暂停和恢复生产经营活动而办理的纳税登记。

1. 停业登记

从事生产经营的纳税人经确定实行定期定额征收方式,在营业执照核准的经营期限内需要停业的,应当在停业前向税务机关申报办理停业登记。纳税人的停业期限不得超过1年。

纳税人在申报办理停业登记时,应如实填写停业申请登记表,说明停业理由、停业期限、停业前的纳税情况和发票的领、用、存情况,并结清应纳税款、滞纳金、罚款。税务机关应收存其税务登记证件及副本、发票领购簿、未使用完的发票和其他税务证件。

2. 复业登记

纳税人应当于恢复生产经营之前,向税务机关申报办理复业登记,如实填写《停、复业报告书》,领回并启用税务登记证件、发票领购簿及其停业前领购的发票。

3. 延长停业登记

纳税人停业期满不能及时恢复生产经营的,应当在停业期满前向税务机关提出延长停业登记申请,并如实填写《停、复业报告书》。纳税人在停业期间发生纳税义务的,应当按照税收法律、行政法规的规定申报缴纳税款。

(四)注销登记

注销税务登记是指纳税人在发生解散、破产、撤销以及依法终止履行纳税义务的其他情形时,向原登记税务机关申请办理的登记。

1. 注销税务登记的适用范围及时间要求

(1)适用范围:解散,因改组、合并等原因而被撤销,破产,改变原主管税务机关,吊销营业执照等。

(2)时间要求:

①纳税人发生解散、破产、撤销以及其他情形,依法终止纳税义务的,应当在向工商行政管理机关或者其他机关办理注销登记前,持相关证件向原税务登记机关申报办理注销税务登记;②按照规定不需要在工商行政管理机关或者其他机关办理注册登记的,应当自有关机关批准或者宣告终止之日起15日内,持有关证件向原税务登记机关申报办理注销税务登记;③从事生产经营的纳税人因住所、经营地点变动,涉及改变税务登记机关的,应当在向工商行政管理机关或者其他机关申请办理变更、注销登记前,或者住所、经营地点变动前,向原税务登记机关申报办理注销税务登记,并在30日内向迁达地税务机关申报办理税务登记;④纳税人被工商行政管理机关吊销营业执照或者被其他机关予以撤销登记的,应当自营业执照被吊销或者被撤销登记之日起15日内,向原税务登记机关申报办理注销税务登记。

2. 注销税务登记的程序方法

领取并填写《注销税务登记申请审批表》——提供有关证件、资料——受理——核实

(五)外出经营报验登记

纳税人到外县(市)临时从事生产经营活动的,应当向所在地税务机关申请开具《外出经营活动税收管理证明》。《外出经营活动税收管理证明》实行一地一证原则,即纳税人每到一县(市)都要开具一份《外出经营活动税收管理证明》。

纳税人到外县(市)临时从事生产经营活动,应当持税务登记副本和所在地税务机关开具的《外出经营活动税收管理证明》向营业地税务机关报验登记,接受税务管理。

纳税人外出经营活动结束,应当向经营地税务机关填报《外出经营活动情况申请表》,按规定结清税款,缴销未使用完的发票。

(六)纳税人税种登记

纳税人应在办理税务登记的同时办理税种登记,由税务机关根据其生产经营范围及拥有的财产等情况,认定录入纳税人所适用的税种、税目、税率、报缴款期限、征收方式等。税务机关根据纳税人填写的《纳税人税种登记表》项目,自受理之日起3日内进行税种登记。

(七)扣缴义务人扣缴税款登记

扣缴义务人应当自扣缴义务发生之日起30日内到所在地主管税务机关申报办理扣缴税款登记,领取扣缴税款登记证。对已办理税务登记的扣缴义务人,不发扣缴税款登记证,由税务机关在其税务登记证副本上登记扣缴税款事项。

二、发票开具与管理

(一)发票的种类

发票分为增值税专用发票、普通发票、专业发票三大类。

1. 增值税专用发票

增值税专用发票是指专门用于结算销售货物和提供加工、修理修配劳务使用的一种发票。增值税专用发票只限于增值税一般纳税人领购使用,增值税小规模纳税人不得领购使用。

除年应税销售额未超过小规模纳税人标准的企业和企业性单位、个人、非企业性单位,以及不经常发生增值税应税行为的企业外的纳税人,为一般纳税人。

小规模纳税人标准是指应纳增值税销售额在规定的标准以下,并且会计核算不健全,不能按规定报送有关税务资料的增值税纳税人。目前认定小规模纳税人的具体应税销售额的标准为:从事货物生产或者提供应税劳务的纳税人,以及以从事货物生产或者提供应税劳务为主,并兼营货物批发或者零售的纳税人,年应税销售额在 50 万元以下的;除上述规定以外的纳税人,年应税销售额在 80 万元以下的。

(1)增值税专用发票的主要防伪特征

(2)增值税专用发票领购使用规定

(3)专用发票的开具范围

(4)专用发票的开具要求、方法及开具时限

(5)专用发票开具方法

(6)增值税专用发票开具时限的规定

(7)为小规模纳税人代开增值税专用发票的有关规定

2. 普通发票

普通发票主要由营业税纳税人和增值税小规模纳税人使用,增值税一般纳税人在不能开具专用发票的情况下也可使用普通发票。普通发票由行业发票和专用发票组成。前者适用于某个行业的经营业务,如商业零售统一发票、商业批发统一发票、工业企业产品销售统一发票等。后者仅适用于某一经营项目,如广告费用结算发票、商品房销售发票等。

3. 专业发票

专业发票是指国有金融、保险企业的存贷、汇兑、转账凭证、保险凭证;国有邮政、电信企业的邮票、邮单、话务、电报收据;国有铁路、国有航空企业和交通部门、国有公路、水上运输企业的客票、货票等。

(二)发票的开具要求

销售商品、提供服务以及从事其他经营活动的单位和个人,对外发生经营业务收取款项,收款方应向付款方开具发票。收购单位和扣缴义务人支付款项时,由付款方向收款方开具发票。在开具发票时要遵守下面的规定:

1. 单位和个人应在发生经营业务、确认营业收入时开具发票。

2. 开具发票时应按号码顺序填开,填写项目齐全、内容真实、字迹清楚、全部联次一次性复写或打印,内容完全一致,并在发票联和抵扣联加盖单位财务印章或者发票专用章。

3. 填写发票应当使用中文。民族自治地区可以同时使用当地通用的一种民族文字。外商投资企业和外资企业可以同时使用一种外国文字。

4. 使用电子计算机开具发票,必须报主管税务机关批准,并使用税务机关统一监制的机打发票。

5. 开具发票时限、地点应符合规定。

6. 任何单位和个人不得转借、转让、代开发票;未经税务机关批准,不得拆本使用发票;不得自行扩大专业发票使用范围。

7. 开具发票的单位和个人应当依法妥善存放和保管发票,不得丢失。发票丢失,应于当日书面报告税务主管机关,并在媒体上公告声明作废。

三、纳税申报

纳税申报是指纳税人、扣缴义务人按照法律、行政法规的规定,在申报期内就纳税事项向税务机关书面申报的一种法定手续。

纳税人办理纳税申报时,应当填写纳税申报表,并根据不同的情况报送相关证件与资料,主要包括:财务会计报表及其说明材料;与纳税有关的合同、协议书及凭证;税控装置的电子保税资料;外出经营活动税收管理证明和异地完税凭证;境内或者境外公证机构出具的有关证明文件。

(一)直接申报

直接申报是指纳税人直接到税务机关办理纳税申报,这是目前最主要的纳税申报方式。

(二)邮寄申报

邮寄申报是经税务机关批准的纳税人使用统一规定纳税申报特快专递专用信封,通过邮政部门办理交寄手续,并向邮政部门索取收据作为申报凭据的方式。邮寄申报以寄出地的邮政局邮戳日期为实际申报日期,邮寄申报适用于边远地区的纳税人。

(三)数据电文申报

数据电文申报是指以税务机关确定的电话语音、电子数据交换和网络传输等电子方式进行纳税申报。该申报方式运用了新的电子信息技术,代表着纳税申报方式的发展方向。但其数据的可靠性尚不稳定,因此,税法要求纳税人采用电子方式办理纳税申报的,应当按照税务机关规定的期限和要求保存有关(纸质)资料,并定期书面报送主管税务机关。

(四)简易申报

简易申报指实行定期定额征收方式的个体工商户在税务机关规定的期限内按照法律、行政法规规定缴清应纳税款,当期可以不办理申报手续。在定额执行期结束后,再将每月实际发生的经营额、所得额一并向税务机关申报,即按期纳税视同申报,未按期纳税构成未进行纳税申报。简易申报实际上是纳税申报的一种变通方法,不能算是一种独立的纳税申报方式。

(五)其他申报方式

实行定期定额征收的纳税人可以实行简易申报(按期纳税即视为申报)、简并征期(将若干个纳税期的税款集中在一个纳税期缴纳)的申报方式。

四、税款征收

税款征收方式是指税务机关根据各税种的不同特点和纳税人的具体情况而确定的计算、征收税款的形式和方法。

（一）查账征收

查账征收是指由纳税人依据账簿记载，先自行计算缴纳税款，事后经税务机关查账核实，如有不符合税法规定的，则多退少补。这种税款征收方式主要是针对已建立会计账册并且会计记录完整的单位。

（二）查定征收

查定征收是指由税务机关根据纳税人的生产设备等情况在正常情况下的生产、销售情况，对其生产的应税产品查定产量和销售额，然后依照税法规定的税率征收的一种税款征收方式。这种税款征收方式主要是针对生产经营规模较小、账册不健全、财务管理和会计核算水平较低、产品零星、税源分散的纳税人。

（三）查验征收

查验征收是指由税务机关对纳税申报人的应税产品进行查验后征税，并贴上完税凭证、查验证或盖查验戳，从而据以征税的税款征收方式。这种税款征收方式适用于某些零星、分散的高税率工业产品，通过查验数量，按市场一般销售价格计算其销售收入并据以征税的一种方法。

（四）定期定额征收

定期定额征收是指税务机关依据有关法律、法规的规定，按照一定的程序，核定纳税人在一定经营时间内的应纳税经营额以及收益额，并以此为计税依据确定其应纳税额的一种征收方式。这种税款征收方式适用于生产经营规模小并且无建账能力，经主管税务机关审核，县级以上税务机关批准可以不设置账簿或暂缓建账的小型纳税人。

（五）代扣代缴

代扣代缴是指按照税法规定，负有扣缴税款的法定义务人，在向纳税人支付款项时，从所支付的款项中直接扣收税款的方式。其目的是对零星分散的税源实行源泉控制。

（六）代收代缴

代收代缴是指负有代收代缴义务的法定义务人，对纳税人应纳的税款进行代收代缴的方式，即由与纳税人有经济业务往来的单位和个人向纳税人收取款项时，依照税收的规定收取税款。

（七）委托代征

委托代征是指受托单位按照税务机关核发的代征证书的要求，以税务机关的名义向纳税人征收一些零散税款的税款征收方式。

（八）其他征收方式

五、税务代理

（一）税务代理的概念

（二）税务代理的特点

1. 中介性
2. 法定性

3. 自愿性

4. 公正性

(三)税务代理的法定业务范围

六、税收检查及法律责任

(一)税收检查

1. 税收保全措施

税务机关责令具有税法规定情形的纳税人提供纳税担保,而纳税人拒绝提供纳税担保或无力提供纳税担保的,经县以上税务局局长批准,税务机关可以采取下列税收保全措施:

(1)书面通知纳税人开户银行或者其他金融机构冻结纳税人的金额相当于应纳税款的存款;

(2)扣押、查封纳税人的价值相当于应纳税款的商品、货物或者其他财产。其他财产是指纳税人的房地产、现金、有价证券等不动产和动产。

纳税人在上述规定期限内缴纳税款的,税务机关必须立即解除税收保全措施;限期期满仍未缴纳税款的,经县以上税务局局长批准,税务机关可以采取税收强制执行。

2. 税收强制执行

税务机关可以采取下列强制执行措施:

(1)书面通知纳税人开户银行或者其他金融机构从其存款中扣缴税款。

(2)依法拍卖变卖所扣押、查封的商品、货物或者其他财产,以拍卖或者变卖所得抵缴税款。

(二)法律责任

根据纳税人违法行为的程度不同,分为行政责任和刑事责任。

1. 税务违法行政处罚

(1)责令限期改正或警告:针对犯有轻微违反税法行为的当事人的书面告诫。

(2)罚款:税务机关强迫违反税法的当事人在一定期限内向国家缴纳一定数额的金钱的制裁措施,是运用最多的一种处罚形式。

(3)没收财产。

(4)收缴未用发票和暂停供应发票

(5)停止出口退税权

2. 税务违法刑事处罚

这是司法机关对于违反税法并构成犯罪的税收法律关系主体,按照《刑法》的规定实施的刑事制裁。这是最为严厉的一种税收法律责任形式。

3. 税务行政复议

税务行政复议的受案范围仅限于税务机关作出的税务具体行政行为。税务具体行政行为是指税务机关及其工作人员在税务行政管理活动中行使行政职权,针对特定的公民、法人或者其他组织,就特定的具体事项作出的有关该公民、法人或者其他组织的权利、义务的单方行为。

【本章知识网络结构图】

```
税收法律制度
├─ 税收概述
│   ├─ 税收的概述
│   │   ├─ 税收的概念与作用
│   │   ├─ 税收的特征
│   │   └─ 税收的分类
│   └─ 税法及构成要素
│       ├─ 税收与税法的关系
│       ├─ 税法的分类
│       └─ 税法的构成要素
├─ 主要税种
│   ├─ 增值税
│   │   ├─ 增值税概念与分类
│   │   ├─ 增值税纳税人
│   │   ├─ 增值税税率
│   │   ├─ 增值税应纳税额
│   │   └─ 增值税征收管理
│   ├─ 消费税
│   │   ├─ 消费税的概念与计税方法
│   │   ├─ 消费税纳税人
│   │   ├─ 消费税税目与税率
│   │   ├─ 消费税应纳税额
│   │   └─ 消费税征收管理
│   ├─ 营业税
│   │   ├─ 营业税的概念
│   │   ├─ 营业税纳税人
│   │   ├─ 营业税税目、税率
│   │   ├─ 营业税应纳税额
│   │   └─ 营业税征收管理
│   ├─ 企业所得税
│   │   ├─ 企业所得税的概念
│   │   ├─ 企业所得税纳税人
│   │   ├─ 企业所得税征税对象
│   │   ├─ 企业所得税税率
│   │   ├─ 企业所得税应纳税所得额
│   │   └─ 企业所得税征收管理
│   └─ 个人所得税
│       ├─ 个人所得税的概念
│       ├─ 个人所得税纳税义务人
│       ├─ 个人所得税的应税项目和税率
│       ├─ 个人所得税应纳税所得额
│       └─ 个人所得税征收管理
└─ 税收征管
    ├─ 税务登记
    ├─ 发票开具与管理
    ├─ 纳税申报
    ├─ 税款征收
    ├─ 税务代理
    └─ 税收检查及法律责任
```

第四章　财政法律制度

【目标透视】

　　本章是近两年在会计从业资格考试中新增加的一个章节。财政具有筹集、分配、使用和管理财政资金的作用,是一种宏观经济调控的手段,关系到国家目标与任务的实现,乃至每个公民的权益。教师应引导学生认知,在党中央、国务院的正确领导下,财政部门在认真贯彻依法治国的基本方略下,积极推进依法行政、依法理财而取得的突破性进展。

【学习要点与要求】

　　一、预算法律制度(理解)

　　二、政府采购法律制度(了解)

　　三、国库集中收付制度(了解)

第一节　预算法律制度

【重点、难点、疑点解读及范例探究】

一、预算法律制度的构成

　　(一)预算法

　　预算法是调整国家在进行预算资金的筹集和取得、使用和分配、监督和管理等过程中,所发生的社会关系的法律规范的总称。《中华人民共和国预算法》是我国第一部财政基本法律,是我国国家预算管理工作的根本性法律。

　　(二)《预算法实施条例》

　　《预算法实施条例》是依据《预算法》制定,条例共8章79条,包括总则、预算收支范围、预算编制、预算执行、预算调整以及决算、监督和附则。

二、国家预算

(一)国家预算的概念

国家预算是指经法定程序批准的,国家在一定期间内预定的财政收支计划,是国家进行财政分配的依据和宏观调控的重要手段。

国家预算原则:公开性、可靠性、完整性(预算外)、统一性、年度性。

(二)国家预算的作用

1. 财力保证作用;

2. 调节制约作用;

3. 反映监督作用。

(三)国家预算的级次划分

1. 中央预算;

2. 省、自治区、直辖市级预算;

3. 地市级预算;

4. 县市级预算;

5. 乡镇级预算。

对于不具备设立预算条件的乡、民族乡、镇,经省、自治区、直辖市政府确定,可以暂不设立预算。

范例探究 1·单选题

我国国家预算体系中不包括( )。

A.中央预算　　　　　　　　　　B.省级(省、自治区、直辖市)预算

C.乡镇级(向、民族乡、镇)预算　　D.县级以上地方政府的派出机关预算

[答案]　D

(四)国家预算的构成——收支平衡原则

1. 中央预算

中央预算是政府的预算,包括地方向中央上解的收入数额和中央对地方返还或给予补助的数额。

2. 地方预算

地方预算是由各省、自治区、直辖市的总预算组成,地方各级政府预算由本级各部门的预算组成,包括下级政府向上级政府上解的收入数额和上级政府对下级政府返还或者给予的数额。

3. 总预算

总预算就是政府的财政汇总预算。各级政府总预算由本级政府预算和汇总的下一级政府总预算组成,由财政部门负责编制。

4. 部门单位预算

部门预算由本部门所属各单位预算组成。

三、预算管理职权

预算管理职权的原则:统一领导,分级管理,权责结合。

(一)各级人民代表大会的职权——审查和批准

1. 各级人民代表大会的职权:(1)预算审查权、批准权;(2)变更撤销权(人大常委会)。

2. 各级人大常委会的职权:(1)预算监督权、调整方案审批权;(2)撤销权(本级政府和下级人大和人大常委会)。

值得注意的是,设立预算的乡、民族乡、镇,由于不设立人大常委会,因而其职权中不包括由人大常委会行使的职权。

(二)各级财政部门的职权

编制权、执行权、提案权、报告权(地方财政部门不仅向本级政府汇报预算执行情况,还应向上一级财政部门报告)。

(三)各部门、各单位的职权

1. 本部门、本单位的预算、决算,向本级政府财政部门报告预算的执行情况。

2. 按照国家规定上缴预算收入,安排预算支出,并接受国家相关部门的监督。

四、预算收入与预算支出

(一)预算收入

预算收入分为中央预算收入、地方预算收入、中央地方预算共享收入。预算收入主要包括各项税收、国有资产经营收益、专项收入和其他收入。

(二)预算支出

包括中央预算支出、地方预算支出。

五、预算组织程序

(一)预算的编制

预算草案是指各级政府、各部门、各单位编制的未经法定程序审查和批准的预算收支计划。

1. 预算年度

采用跨历年度制,即自公历1月1日起至12月31日止。

2. 预算草案的编制内容

中央预算的编制内容包括:收入,地方上解的收入,本级预算支出等。

地方各级政府预算的编制内容包括:本级预算收入、上级返还或者补助的收入、下级上解的收入;本级预算支出、返还或者补助下级的支出、上解上级的支出。

(二)预算的审批

1. 审批:中央预算由全国人民代表大会审查和批准。地方各级政府预算由本级人民代表大会审查和批准。

2. 批复:各级政府预算经本级人民代表大会批准后,本级政府财政部门应当及时向本级各部门批复预算。

3. 备案:预算批准后要及时向国家机关备案。

(三)预算的执行

预算执行是指经法定程序审查和批准的预算的具体实施过程,把预算由计划变为现实的具体实施步骤。各级预算由本级政府组织执行,具体工作由本级财政部门负责。

(四)预算的调整

中央预算的调整方案必须提请全国人民代表大会常务委员会审查和批准。

【范例探究2·单选题】

下列有关我国国家预算的编制、审批、执行和调整的表述中,错误的是:(   )。

A.中央预算和地方各级政府预算,应当参考上一年预算执行情况和本年度收支预测进行编制

B.中央预算由全国人民代表大会审查和批准,地方各级政府预算由本级人民代表大会审查和批准

C.各级预算由本级政府组织执行,具体工作由本级财政部门负责

D.乡、民族乡、镇政府预算的调整方案必须提请本级人民代表大会常务委员会审查和批准

[答案]　D

六、决算

决算是对年度预算收支执行结果的年度会计报告,是预算执行的总结,是国家管理好预算的最后一道程序。

国务院财政部门编制中央决算草案,报国务院审定后,由国务院提请全国人民代表大会常务委员会审查批准。

【范例探究3·判断题】

国务院财政部门编制中央决算草案后,提请全国人民代表大会常务委员会审查和批准。(   )

[答案]　错误

七、预决算的监督

(一)立法监督

1. 全国人大及其常委会对中央和地方预算、决算进行监督。

2. 县级以上地方各级人大及其常委会对本级和下级政府预算、决算进行监督。

3. 乡、民族乡、镇人民代表大会对本级预算、决算进行监督。

（二）政府机关的监督

各级政府监督下级政府的预算执行。

（三）政府的专门机关监督

各级审计机关对本级预算执行情况,对本级各部门和下级政府预算的执行情况和决策,进行审计监督。

第二节　政府采购法律制度

【重点、难点、疑点解读及范例探究】

一、政府采购法律制度的构成

（一）《政府采购法》

第九届全国人民代表大会常务委员会第二十八次会议于 2002 年 6 月 29 日通过该法,自 2003 年 1 月 1 日起实施。《政府采购法》的立法宗旨是为了规范政府采购行为,提高政府采购资金的使用效率,维护国家利益和社会公共利益,保护政府采购当事人的合法权益,促进廉政建设。

（二）政府采购部门规章——由财政部制定并发布

1.《政府采购货物和服务招标投标管理办法》

2.《政府采购信息公告管理办法》

（三）政府采购地方性法规和规章制度

《云南省政府采购条例》《北京市政府采购办法》

二、政府采购的概念

政府采购是指各级国家机关、事业单位和团体组织,使用财政性资金采购依法制定和集中采购目录以内的或者采购限额标准以上的货物、工程和服务的行为。

（一）政府采购的主体

我国政府采购的主体包括国家机关、事业单位和社会团体。

（二）政府采购的资金

政府采购的资金来源于财政性资金,具体范围包括预算内资金、预算外资金以及与财政资金相配套的单位自筹资金的总和。

（三）政府集中采购目录和政府采购限额标准

集中采购目录应由省级以上政府采购主管部门确定。

1. 属于中央预算的政府采购项目:国务院确定并公布。

2.属于地方预算的政府采购项目:省、自治区、直辖市人民政府或者其授权机构确定并公布。

(四)政府采购的对象

政府采购的对象是货物、工程和服务。

【范例探究·单选题】

下列各项中,使用《政府采购法》的是(   )。

A:某中外合资经营企业采购设备

B:某国有独资公司采购基本建设项目设备

C:某高等院校用教育经费拨款购买教学用计算机

D:某上市公司承揽国家重点建设项目而采购加工设备

[答案]　C

三、政府采购的原则

(一)公平透明原则

(二)公平竞争原则——公平竞争选择最优的供应商

(三)公正原则

(四)诚实信用原则

四、政府采购的功能

(一)节约财政支出

(二)强化宏观调控

(三)活跃市场经济

(四)推进反腐倡廉

(五)保护民族产业

五、政府采购的执行模式

(一)集中采购

集中采购必须委托集中采购机构代理采购。

(二)分散采购——预算单位直接采购

六、政府采购当事人

政府采购当事人是指在政府采购活动中享有权利和承担义务的各类主体,包括采购人、供应商、采购代理机构等。

(一)采购人

采购人是指依法进行政府采购的国家机关、事业单位、团体组织。

（二）供应商

供应商是指在中国境内外注册的企业、公司及其他提供货物、工程、服务的自然人和法人。

（三）采购代理机构

政府采购代理机构是指具备一定条件，经政府有关部门批准而依法拥有政府采购代理资格的采购代理机构。采购代理机构又可分为集中采购机构和一般采购代理机构。

七、政府采购方式

	采用方式	供应商	适用范围
公开招标	招标公告	不特定	货物服务采购项目达到公开招标数额标准的，必须采用公开招标方式。采购人不得将应当以公开招标方式采购的货物或者服务化整为零，或者以其他任何方式规避公开招标采购。
邀请招标	投标邀请书	随机邀请3家以上	(1)具有特殊性，只能从有限范围的供应商处采购； (2)采用公开招标方式的费用占政府采购项目总价值的比例过大的。
竞争性谈判	通过谈判确定供应商	不少于3家	(1)招标后没有供应商投标、没有合格标的或者重新招标未能成立的； (2)技术复杂或者性质特殊，不能确定详细规格和具体要求； (3)采用招标所需时间不能满足用户紧急需要的； (4)不能事先计算出价格总额的。
单一来源采购	直接采购	1家	(1)只能从唯一供应商处采购的； (2)发生不能预见的紧急情况，不能从其他供应商处采购的； (3)必须保证原有采购项目一致性或者服务配套的要求，需要继续从原供应商处添购，且添购资金总额不超过原合同采购金额10%的。
询价	通过询价确定供应商	3家以上	采购的货物规格、标准统一、现货货源充足且价格变化幅度较小的采购项目。

八、政府采购的监督检查

政府采购监督管理部门是指各级人民政府财政部门。政府采购监督管理部门不得设置集中采购机构，不得参与政府采购项目的采购活动。采购代理机构与行政机关不得存在隶属关系或者其他利益关系。

第三节　国库集中收付制度

【重点、难点、疑点解读及范例探究】

一、国库集中收付制度

国库集中收付制度是对财政资金实行集中收缴和支付的制度，其核心是通过国库单一账户对现金进行集中管理，所以这种制度又称国库单一账户制度。

二、国库单一账户体系

（一）国库单一账户体系的概念

国库单一账户体系是指以财政国库存款账户为核心的各类财政性资金账户的集合，财政性资金的收入、支付、储存及资金清算活动均在该账户体系中运行。

（二）国库单一账户体系的构成

1. 国库单一账户：财政部门在中国人民银行开设国库单一账户。

2. 财政部门余额账户：财政部门在商业银行设立国库集中支付总户（财政直接支付）。

3. 预算单位零余额分账户：财政部门在商业银行为预算单位开设的授权支付零余额账户（零星支出——用于财政授权支付）。

4. 预算外资金财政专户：财政部门在商业银行开设预算外资金财政专户。

5. 特设专户：在商业银行为预算单位。

三、财政收入收缴方式和程序

（一）收缴方式

1. 直接缴库

直接缴库是指由交款单位或交款人按有关法律法规规定，直接将应缴收入缴入国库单一账户或预算外资金财政专户。

2. 集中汇缴

集中汇缴是指由征收机关（有关法定单位）按有关法律法规规定，将所收的应缴收入汇总缴入国库单一账户或预算外资金财政专户。

（二）收缴程序

1. 直接缴库程序

直接缴库的税收收入由纳税人或税务代理人提出纳税申报，经征收机关审核无误后，由纳税人通过开户银行将税款缴入国库单一账户。

2. 集中汇缴程序

小额零散税收和法律另有规定的应缴收入，由征收机关于收缴收入的当日汇总缴入国库单一账户。

四、财政支出支付方式和程序

(一)支付方式

按发出支付令的不同主体分为:

1. 财政直接支付——由财政部门发出支付令的支付方式。

2. 财政授权支付——由预算单位经财政部门授权自行发出支付令的支付方式。

(二)支付程序

1. 财政直接支付程序

预算单位按照批复的部门预算和资金使用计划,向财政国库支付执行机构提出支付申请,财政国库支付执行机构根据批复的部门预算和资金使用计划相关要求对支付申请审核无误后,向代理银行发出支付令,并通知中国人民银行国库部门,通过代理银行进入全国银行清算系统进行清算,财政资金从国库单一账户划拨到收款人的银行账户。

2. 财政授权支付程序

预算单位按照批复的部门预算和资金使用计划向财政国库支付执行机构申请授权支付的月度用款限额,财政国库支付执行机构将批准后的限额通知代理银行和预算单位,并通知中国人民银行国库部门。预算单位在月度用款限额内,自行开具支付令,通过财政国库支付执行机构转由代理银行向收款人付款,并与国库单一账户清算。

【本章知识网络结构图】

```
                              预算法律制度的构成
                              国家预算
                              预算管理职权
               预算法律制度   预算收入与预算支出
                              预算组织程序
                              决算
                              预决算的监督

                              政府采购法律制度的构成
                              政府采购的概念
                              政府采购的原则
               政府采购法律制度 政府采购的功能
财政法规制度                    政府采购的执行模式
                              政府采购当事人
                              政府采购的方式
                              政府采购的监督检查

                              国库集中收付制度
               国库集中收付制度 国库单一账户体系
                              政府收入收缴方式和程序
                              财政支出支付方式和程序
```

第五章　会计职业道德教育与修养

【目标透视】

　　本章是会计从业资格考试占分较多的一个章节。会计职业道德教育与修养注重学生的德育教育,增强其会计职业道德意识和职业品质,达到国家对会计人员德才兼备的核心能力储备的要求,满足社会对品学兼优的会计后备人才的需要。

【学习要点与要求】

　　一、会计职业道德概述(理解)

　　二、会计职业道德规范的主要内容(掌握)

　　三、会计职业道德教育与修养(掌握)

　　四、会计职业道德建设(了解)

第一节　会计职业道德概述

【重点、难点、疑点解读及范例探究】

一、职业道德的概念和主要内容

(一)职业道德的概念

　　职业道德的概念有广义和狭义之分。广义的职业道德是指从业人员在职业活动中应该遵循的行为准则,涵盖了从业人员与服务对象、职业与职工、职业与职业之间的关系。狭义的职业道德是指在一定职业活动中应遵循的、体现一定职业特征的、调整一定职业关系的职业行为准则和规范。不同职业的人员在特定的职业活动中形成了特殊的职业关系,包括职业主体与职业服务对象之间的关系、职业团体之间的关系、同一职业团体内部人与人之间的关系以及职业劳动者、职业团体与国家之间的关系等。如医生的职业道德是救死扶伤、治病救人、实行人道主义,法官的职业道德是清正廉明、刚直不阿,商人的职业道德是买卖公平、童叟无欺,注册会计师的职业道德是独立、客观、公正,军人的职业道德是服从命令、不怕牺牲。

(二)职业道德的主要内容

1. 爱岗敬业

爱岗敬业就是热爱自己的工作岗位，热爱本职工作，是对人们工作态度的一种普遍要求。职业工作者要以正确的态度对待各种职业劳动，努力培养热爱自己所从事的工作的幸福感、荣誉感。要用一种严肃热情的态度对待自己的工作，勤勤恳恳，兢兢业业，忠于职守，尽职尽责。爱岗敬业是为人民服务和集体主义精神的具体体现，是社会主义职业道德一切基本规范的基础。

2. 诚实守信

诚实即忠诚老实，不讲假话，光明磊落，言语真切，不投机取巧，不趋炎附势，不见风使舵，不弄虚作假。守信即信守诺言，说话算数，讲信誉，重信用，履行自己应承担的义务。诚实守信不只是从业人员职业道德的基本准则，更是为人处世的一种美德。

3. 办事公道

办事公道是指从业人员在办理事情、处理问题时，要站在公正的立场上，按照同一标准和同一原则办事的职业道德规范。

人们生活在世界上，就要与人打交道，就要处理各种关系，这就存在办事是否公道的问题，每个从业人员都会遇到办事公道与否的问题。如一个服务员接待顾客不以貌取人，对不同国籍、不同肤色、不同民族的宾客能一视同仁，同样热情服务，这就是办事公道。一个售货员对于购买其商品的消费者，无论其购买商品的贵贱，同样周到接待，这就是办事公道。办事公道是对从业人员应具备的职业道德的基本要求。

4. 服务群众

服务群众即为人民群众服务。时时刻刻为群众着想，急群众所急，忧群众所忧，乐群众所乐。服务群众是对各级领导及各级领导机关、各级公务员以及所有从业人员的一种要求。服务群众是党的群众路线在社会主义职业道德上的具体表现，是社会主义职业道德与以往私有制社会职业道德的根本分水岭。有人这样说过："很多人在父母去世后，经过几年时间的恢复也就趋于平静。而一旦回忆起我们伟大的周恩来总理为人民鞠躬尽瘁、死而后已，就会伤痛不已。"

每个从业人员既是为别人服务的主体，又是别人服务的对象。每个人都有权享受他人的职业服务，同时又承担着为他人作出职业服务的义务。每个从业人员应该谨记服务群众是职业道德的核心。

5. 奉献社会

奉献社会就是全心全意为社会做贡献。奉献就是不计较个人得失，兢兢业业，任劳任怨。一个人不论从事什么行业的工作，不论在什么岗位，都可以为社会做贡献。奉献社会是一种人生境界，是一种融在事业中的高尚人格，是职业道德的归宿。

著名"笑星"赵本山、著名电影明星成龙在回忆录中都讲述了他们在职业追求中的历程：解决生存问题——赚更多的钱——成为本行业中的第一人——创作更多更好的作品被人尊敬——把自己的所学传承下去奉献社会。

二、会计职业道德

（一）会计职业道德概念

会计职业道德是指在会计职业活动中应当遵循的、体现会计职业特征的、调整会计职业关系的职业行为准则和规范。理解会计职业道德的含义，应着重把握以下三个方面：

1. 会计职业道德是调整会计职业活动中各种利益关系的手段。在我国社会主义市场经济建设中，当各经济主体的利益与国家利益、社会公众利益发生冲突的时候，会计职业道德允许个人和各经济主体获取合法的自身利益，但不允许通过损害国家和社会公众利益而获取违法利益。会计职业道德可以配合国家法律制度，调整职业关系中的经济利益关系，维护正常的经济秩序。

2. 会计职业道德具有相对稳定性。虽然社会经济关系是不断变迁的，但会计标准的设计、会计政策的制定、会计方法的选择，都必须遵循其内在的客观经济规律和要求，会计制度保持相对的稳定性，与之相应的会计职业道德也始终保持自己的相对稳定性。如在会计职业活动中，诚实守信、客观公正等是对会计人员的普遍要求，没有任何一个社会制度能够容忍虚假会计信息，也没有任何一个经济主体会允许会计人员私自向外界提供或者泄露单位的商业秘密。

3. 会计职业道德具有广泛的社会性。会计不仅要为投资者、债权人提供符合质量要求的会计信息，还要为政府机构、企业管理层、金融机构等社会公众服务。因其服务对象涉及面很广，提供的会计信息是公共产品，所以会计职业道德的优劣将影响国家和社会公众利益和社会经济的正常秩序。可见，会计职业道德必然受社会关注，具有广泛的社会性。

（二）会计职业道德的功能

1. 指导功能

会计职业道德通过对会计的行为动机提出相应的要求，引导、规范、约束会计人员树立正确的职业观念，遵循职业道德要求，从而达到规范其会计行为的目的。

2. 评价功能

通过开展会计职业道德的评价、检查与奖惩，倡导、赞扬、鼓励自觉遵守会计职业道德规范的行为，贬抑、鞭挞、谴责、查处会计造假的不良行为，对会计人员起着警醒作用。这有助于督促会计人员在行为上遵守职业道德规范，形成良好的道德情感，也有利于形成抑恶扬善的社会环境。

3. 教化功能

道德具有引导人的行为的功能，这种引导的特点是劝善戒恶，并辅之以社会舆论的赞扬或谴责，进而作用于人的道德良心和道德情感。这对于会计人员的思想、感情和行为，有着潜移默化的塑造作用，不但能够影响会计人员处事时的动机和行为，而且能够改造会计人员的道德品质，提高会计人员的道德境界。

（三）会计职业道德与会计法律制度

1. 会计职业道德与会计法律制度的联系

　　会计职业道德与会计法律制度有着共同的目标及相同的调整对象,承担着同样的职责。二者的联系主要表现在:在作用上相互补充、相互依托;在内容上相互渗透、相互重叠;在地位上相互转化、相互吸收;在实施上相互作用、相互促进。

　　2. 会计职业道德与会计法律制度的主要区别

　　(1)性质不同。会计法律制度通过国家机器强制执行,具有很强的他律性。会计职业道德主要依靠会计从业人员的自觉性,并依靠社会舆论和良心来实现,具有很强的自律性。

　　(2)作用范围不同。会计法律制度侧重于调整会计人员的外在行为和结果的合法性,具有较强的客观性。会计职业道德则不仅调整会计人员的外在行为,还调整会计人员内在的精神世界。违反会计职业道德的行为,不一定违反会计法律制度。

　　(3)表现形式不同。会计法律制度是通过一定的程序由国家立法机关或行政管理机关制定的,其表现形式是具体的、明确的、成文的规定。会计职业道德出自于会计人员的职业生活和职业实践,其表现形式既有明确的成文规定,也有不成文规定,存在于人们的意识和信念之中,并无具体的表现形式,它依靠社会舆论、道德教育、传统习俗和道德评价来实现。

　　(4)实施保障机制不同。会计法律制度由国家强制力保障实施。会计职业道德既有国家法律的相应要求,又需要会计人员的自觉遵守。

【范例探究·单选题】

会计法律制度是会计职业道德的(　　　)。

A.最高要求　　　　B.较高要求　　　　C.一般要求　　　　D.最低要求

[答案]　D

[解析]　本题考查会计法律制度与会计职业道德的联系与区别。

第二节　会计职业道德的内容

【重点、难点、疑点解读及范例探究】

一.爱岗敬业

(一)爱岗敬业的含义

　　爱岗敬业就是要求会计人员热爱本职工作,安心本职岗位,并为做好本职工作锲而不舍、尽职尽责。俗话说"三百六十行,行行出状元",只要用恭敬严肃的态度认真对待自己的工作,将身心与职业工作融为一体,真正干好本职工作,就是爱岗敬业,这是会计职业道德的基础。爱岗和敬业,互为前提,相互支持,相辅相成。爱岗是敬业的基石,敬业是爱岗的升华。

　　如果会计人员对所从事的会计工作不热爱,工作中就难以做到兢兢业业,就不会主动刻苦钻研业务,更新专业知识,提高业务技能;就不会珍惜会计这份工作,努力维护会计职业的声誉和形象;就无法具备与其职务相适应的业务素质和能力,更谈不上坚持准则、客观公正、文明服务,维护国家和集体的利益,为国家和企业承担责任。反之,会计人员即使有对会计职业的一腔热情,但如果没有勤奋踏实的工作作风和忠于职守的实际行动,敬业也就成为一句空话。

(二)爱岗敬业的基本要求

1. 热爱会计工作,敬重会计职业。如果会计人员对所从事的会计职业缺乏正确的认识,没有树立职业荣誉感,认为会计工作"职权难用,成绩难见,违纪难免"的想法,就必然会把这些意识反映到其工作之中,就会表现出"懒""惰""拖"的不良行为,给会计职业及其声誉造成不良影响。

2. 严肃认真、一丝不苟。会计工作是一项严肃细致的工作,没有严肃认真的工作态度和一丝不苟的工作作风,就容易出现偏差。对一些损失浪费、违法乱纪的行为和一切不合法不合理的业务开支,要严肃认真地对待,把好费用支出关。严肃认真、一丝不苟的职业作风贯穿于会计工作的始终,不仅要求数字计算准确,手续清楚完备,而且绝不能有"都是熟人不会错"的麻痹思想和"马马虎虎"的工作作风。

3. 忠于职守,尽职尽责。忠于职守不仅要求会计人员认真地执行岗位规范,还要求会计人员在各种复杂的情况下,能够抵制各种诱惑,忠实地履行岗位职责。尽职尽责具体表现为会计人员对自己应承担的责任和义务所表现出的一种责任感和义务感,这种责任感和义务感包含两方面的内容:一是社会或他人对会计人员规定的责任;二是会计人员对社会或他人所负的道义责任。在对单位(或雇主)的忠诚与国家及社会公众利益发生冲突时,会计人员应该忠实于国家、忠实于社会公众,承担起维护国家和社会公众利益的责任。

二、诚实守信

(一)诚实守信的含义

诚实是指言行跟内心思想一致,不弄虚作假、不欺上瞒下,做老实人,说老实话,办老实事。守信就是遵守自己所作出的承诺,讲信用,重信用,信守诺言,保守秘密。诚实守信是做人的基本准则,是人们在古往今来的交往中产生出的最根本的道德规范,也是会计职业道德的精髓。

中国现代会计学之父潘序伦先生认为,"诚信"是会计职业道德的重要内容。他终身倡导"信以立志,信以守身,信以处事,信以待人,毋忘'立信',当必有成",并将比作为立信会计学校的校训。为突显并倡导会计职业的诚信,潘序伦先生一生的实业,皆冠之以"立信",如立信会计事务所、立信会计学校、立信会计出版社等。

(二)诚实守信的基本要求

1. 做老实人,说老实话,办老实事。所谓做老实人,是要求会计人员言行一致,表里如一,光明正大。说老实话则要求会计人员说话诚实:一说一,是二说二,不夸大,不缩小,不隐瞒,如实反映和披露单位经济业务事项。办老实事是要求会计人员工作踏踏实实,不弄虚作假,不欺上瞒下。总之,会计人员应言行一致,如实反映单位经济业务活动情况,不为个人和小集团利益伪造账目,弄虚作假,损害国家和社会公众利益。

2. 实事求是,如实反映。近年来,在财政部进行的会计信息质量抽查中,假凭证、假账簿、假报表比较普遍。而虚假信息均是出自单位管理层和会计人员之手,而且一些注册会计师也扮演了不光彩的角色,严重影响了会计职业的社会信誉。会计人员要树立良好的职业形象,就必须恪守实事求是的基本道德准则。

3. 保密守信,不为利益所诱惑。所谓保守秘密就是指会计人员在履行自己的职责时,应树立保密观念,做到保守商业秘密,对机密资料不外传、不外泄。在市场经济中,严守单位的商业秘密是极其重要的,它往往关系到单位的生死存亡。而会计人员因职业特点经常接触到单位和客户的一些秘密,如单位的财务状况、经营情况、成本资料及重要单据、经济合同等。因而,会计人员应依法保守单位秘密,这是会计人员应尽的义务,也是诚实守信的具体体现。

泄密不仅是一种不道德的行为,也是违法行为,是会计职业的大忌。会计人员在没有得到法律规定或经单位规定程序批准的情况下,不能以任何借口或方式把单位商业秘密泄露出去。我国有关法律制度对会计人员保守秘密做了相关的规定。如《中华人民共和国注册会计师法》第十九条规定:"注册会计师对执行业务中知悉的商业秘密,负有保密义务。"财政部印发的《会计基础工作规范》第二十三条规定:"会计人员应当保守本单位的商业秘密。除法律规定和单位领导人同意外,不能私自向外界提供或者泄露单位的会计信息。"

会计人员要做到保密守信,就要注意不在工作岗位以外的场所谈论、评价企业的经营状况和财务数据。此外,在日常生活中会计人员也应保持必要的警惕,防止无意泄密。俗话说,说者无意,听者有心。人们在日常交流中经常会对熟知的事情脱口而出,而没有想到后果。为了防止这种情况的发生,会计人员要了解自己所知的信息中,哪些是商业秘密,哪些是无关紧要的事项,以防止无意泄密的情况发生。要抵制住各种各样的利益诱惑,绝对不能用商业秘密作为谋利的手段。

4. 执业谨慎,信誉至上。人无信不立,国无信不强。在现代市场经济社会,诚信尤为重要。市场经济是"信用经济""契约经济",注重的就是诚实守信。可以说,信用是维护市场经济步入良性发展轨道的前提和基础,是市场经济社会赖以生存的基石。江泽民同志指出:"没有信用,就没有秩序,市场经济就不能健康发展。"朱镕基同志在2001年视察北京国家会计学院时,为北京国家会计学院题词:"诚信为本,操守为重,坚持准则,不做假账。"这是对广大会计人员和注册会计师最基本的要求。

三、廉洁自律

(一)廉洁自律的含义

廉洁就是不贪污钱财,不收受贿赂。自律是指自律主体按照一定的标准,自己约束自己、自己控制自己的言行和思想的过程。廉洁是自律的基础,而自律是廉洁的保证。廉洁自律是会计职业道德的前提,也是会计职业道德的内在要求,这是由会计工作的特点决定的。

作为整天与钱财打交道的会计人员,不取不义之财,做到面对金钱不眼红、不动心。会计人员只有首先做到自身廉洁,严格约束自己,才能理直气壮地阻止或防止别人侵占集体利益,正确行使反映和监督的会计职责,保证各项经济活动正常进行。

自律的核心就是用道德观念自觉地抵制自己的不良欲望。一个能自律的人能保持清醒的头脑,把持住自我不迷失方向。而不能自律的人则头脑昏昏,丧失警惕,终将成为权、财的奴隶。惩治腐败,打击会计职业活动中的各种违法活动和违反职业道德的行为,除了要靠法律手段,建立坚强和完善的法律外,会计人员严格自律,防微杜渐,构筑思想道德防线,也是防止腐败和非职业道德行为的有效手段。

(二)廉洁自律的基本要求

1. 树立正确的人生观和价值观。廉洁自律要求会计人员必须加强世界观的改造,树立正确的人生观和价值观。人生观是人们对人生的目的和意义的总的观点和看法。价值观是指人们对于价值的根本观点和看法,它是世界观的一个重要组成部分,包括对价值的本质、功能、创造、认识、实现等有关价值的一系列问题的基本观点和看法。会计人员应以马克思主义、毛泽东思想、邓小平理论及"三个代表"重要思想为指导,树立科学的人生观和价值观,自觉抵制享乐主义、个人主义、拜金主义等错误的思想,这是在会计工作中做到廉洁自律的思想基础。

2. 公私分明,不贪不占。公私分明就是指严格划分公与私的界线。只要做到公私分明,就能够廉洁奉公,一尘不染。如果公私不分,就会出现以权谋私的腐败现象,甚至出现违法违纪行为。

廉洁自律的天敌就是"贪""欲"。在会计工作中,由于大量的钱财要经过会计人员之手,因此,很容易诱发会计人员的"贪""欲"。一些会计人员贪图金钱和物质上的享受,利用职务之便,自觉或不自觉地行"贪"。有的被动受贿,有的主动索贿,有的贪污、挪用公款,有的监守自盗,有的集体贪污。究其根本原因,就是这些会计人员忽视了世界观的自我改造,放松了道德的自我修养,弱化了职业道德的自律。

【范例探究1·单选题】

"理万金分文不沾"、"常在河边走,就是不湿鞋"体现的会计职业道德是( )。

A.参与管理　　　B.廉洁自律　　　C.提高技能　　　D.强化服务

[答案]　B

[解析]　本题考查会计职业道德的内容,应分清各内容的具体要求和表现。

四、客观公正

(一)客观公正的含义

客观是指按事物的本来面目去反映,不掺杂个人的主观意愿,也不为他人意见所左右。公正就是平等、公平、正直,没有偏失。

在会计职业活动中,由于涉及对多方利益的协调处理,公正就必须要求各企、事业单位管理层和会计人员不仅应当具备诚实的品质,而且应公正地开展会计核算和会计监督工作,即在履行会计职能时,摒弃单位、个人私利,公平公正、不偏不倚地对待相关利益各方。作为注册会计师在进行审计鉴证时,应以超然独立的姿态,进行公平公正的判断和评价,出具客观、适当的审计意见。

(二)客观公正的基本要求

1. 依法办事。依法办事,认真遵守法律法规,是会计工作保证客观公正的前提。当会计人员有了端正的态度和专业知识技能之后,必须依据《中华人民共和国会计法》《企业会计准则》《企业会计制度》等法律法规和制度的规定进行会计业务处理,并对复杂疑难的经济业务作出客观的会计职业判断。总之,只有熟练掌握并严格遵守会计法律法规,才能客观公正地处理会计业务。

2. 实事求是,不偏不倚。社会经济是复杂多变的,会计法律制度不可能对所有的经济事项作出规范。因此,客观公正是职业追求,会计人员通过不断提高专业技能,正确理解、把握并严格执行会计准则、制度,不断消除非客观、非公正因素的影响,做到最大限度的客观公正。

在实际生活中,要做到"客观公正",最根本的是要有"实事求是"的科学态度。没有实事求是的严谨态度,主观地、片面地、表面地看问题,就无法做到"情况明",也就无法根据客观情况来公正地处理问题。即使主观上想"客观公正",客观上也无从实现。

客观公正应贯穿于会计活动的整个过程:一是在处理会计业务的过程中或进行职业判断时,应保持客观公正的态度。二是指会计人员对经济业务的处理结果是公正的。例如,某人因公出差丢失了报销用的车票,在业务处理时,不能因为无报销凭证就不报销,也不能随意报销,而应要求出差人员办理各种合法合理的证明手续后,才能报销,即最终结果是客观公正地进行会计处理。不报销或随意报销,都不是客观公正的。总之,会计核算过程的客观公正和最终结果的客观公正都是十分重要的,没有客观公正的会计核算过程做保证,结果的客观公正性就难以保证,没有客观公正的结果,业务操作过程的客观公正就没有意义。

注册会计师的职业特征是维护国家和社会公众利益。注册会计师在进行职业判断时,将会涉及多方的利益,在处理这些复杂的利益关系时,绝不能采取折中的态度和方法。注册会计师应始终站在第三者的独立立场上,不偏不倚地对待有关利益各方,不以牺牲一方利益为条件而使另一方受益,独立地对企业遵守会计准则、制度的具体情况进行客观公正的评价并作出恰当的审计意见。只有这样,财务报告的使用者才能确定企业财务报告的可信度,并作出适当的投资决策或信贷决策。

3. 保持独立性。会计人员对会计业务的处理,对会计政策和会计方法的选择,以及对财务会计报告的编制、披露和评价,必须独立进行职业判断,做到客观、公平、理智、诚实。

保持独立性,对于注册会计师行业尤为重要。由于工作关系和经济利益等问题,决定了独立是客观、公正的基础,也是注册会计师行业存在的基础。根据《中国注册会计师职业道德规范指导意见》,注册会计师保持其独立性应当做到以下两点:

一是注册会计师应当回避可能影响独立性的审计事项,实现形式上的独立。注册会计师在履行其职责时,保持独立性固然十分重要,但财务报表的使用者对这种独立性的信任也很重要。如果审计人员在执业过程中实质上是独立的,但报表的使用者认为他们是客户的辩护人,则审计职业的大部分价值将随之丧失。

二是注册会计师应当恪守职业良心,保持实质上的独立。形式上独立是实质上独立的必要条件,形式上不独立,就不能保证实质上独立,而形式上独立也不一定能够保持实质上独立。注册会计师更重要的是保持实质上的独立。

五、坚持准则

（一）坚持准则的含义

坚持准则是指会计人员在处理业务过程中，要严格按照会计法律制度办事，不为主观或他人意志左右。这里所说的"准则"不仅指会计准则，还包括会计法律法规、国家统一的会计制度以及与会计工作相关的法律制度。坚持准则是会计职业道德的核心。会计人员如果遇到道德冲突时，首先要对发生的事件作出"是""非"判断，如涉及严重的道德冲突时，应维护国家和社会公众利益。

现实生活中经常会出现单位、社会公众和国家利益发生冲突的情况。面对不同的情况，会计人员应如何处理，国际会计师联合会发布的《职业会计师道德守则》提出了如下建议：

第一，如遇到严重的职业道德问题时，职业会计师首先应遵循所在组织的已有政策加以解决；如果这些政策不能解决道德冲突，则可私下向独立的咨询师或会计职业团体寻求建议，以便采取可能的行动步骤。

第二，若自己无法独立解决，可与最直接的上级一起研究解决这种冲突的办法。

第三，若仍无法解决，则在通知直接上级的情况下，可请教更高一级的管理层。若有迹象表明上级已卷入这种冲突，职业会计师必须和更高一级的管理当局商讨该问题。

第四，如果在经过内部所有各级审议之后道德冲突仍然存在，那么对于一些重大问题（如舞弊），职业会计师可能没有其他选择。作为最后手段，他只能诉诸辞职，并向该组织的适当代表提交一份信息备忘录。

（二）坚持准则的基本要求

1. 熟悉准则

熟悉准则是指会计人员应了解和掌握《中华人民共和国会计法》和国家统一的会计制度及与会计相关的法律制度，这是遵循准则、坚持准则的前提。只有熟悉准则，才能按准则办事，才能遵纪守法，才能保证会计信息的真实性、完整性。

2. 遵循准则

遵循准则即执行准则。准则是会计人员开展会计工作的外在标准和参照物。会计人员在会计核算和监督时要自觉严格地遵守各项准则，将单位具体的经济业务事项与准则相对照，先作出是否合法合规的判断，对不合法的经济业务不予受理。在实际工作中，由于经济的发展和社会环境的变化，会计业务日趋复杂，因而准则规范的内容也会不断变化和完善。这就要求会计人员不仅要经常学习、掌握准则的最新变化，了解本部门、本单位的实际情况，准确地理解和执行准则，还要在面对经济活动中出现的新情况、新问题以及准则未涉及的经济业务或事项时，通过运用所掌握的会计专业理论和技能，作出客观的职业判断，予以妥善处理。

3. 坚持准则

市场经济是利益经济。在会计工作中，常常由于各种利益的交织引起会计人员道德上的冲突。如果会计人员为了自己的个人利益不受影响，放弃原则，做"老好人"，就会使会计工作严重偏离准则，会计信息的真实性、完整性就无法保证，会计人员也因此承担相应责任。会计人员坚持准则，往往会受到单位负责人和其他方面的阻挠、刁难甚至打击报复，因此，为了切实维护会计人员的合法权益,《中华人民共和国会计法》强化了单位负责人对单位会计工作的法律责任,赋予了会计人员相应的权利。

【范例探究 2·多选题】

会计职业道德的内容之一,就是要"坚持准则",这里的"准则"包括(　　)。

A.会计法律　　　　B.会计法规　　　　C.会计制度　　　　D.会计准则

[答案]　ABCD

[解析]　这里所说的"准则"不仅指会计准则,还包括会计法律法规、国家统一的会计制度以及与会计工作相关的法律制度。

【范例探究 3·单选题】

公司为获得一项工程合同,拟向工程发包的有关人员支付好处费 10 万元。公司市场部人员持公司董事长的批示到财务部领该笔款项。财务部经理张某认为该项支出不符合有关规定,但考虑到公司主要领导已做了同意的批示,遂同意拨付了此款项。下列对张某做法的认定中,正确的是(　　)。

A.张某违反了爱岗敬业的会计职业道德要求

B.张某违反了参与管理的会计职业道德要求

C.张某违反了客观公正的会计职业道德要求

D.张某违反了坚持准则的会计职业道德要求

[答案]　D

[解析]　财务部经理王某的行为违反了坚持准则的会计职业道德要求。坚持准则是指会计人员在处理业务过程中,要严格按照会计法律制度办事,不为主观或他人意志左右。

六、提高技能

(一)提高技能的含义

会计人员是会计工作的主体。会计人员工作质量的好坏,一方面受会计人员职业技能水平的影响,另一方面受会计人员道德品行的影响。会计人员的道德品行是会计职业道德的根本,会计人员的职业技能水平是会计人员职业道德水平的保证。会计工作是一门专业性和技术性很强的工作,从业人员必须具备一定的会计专业知识和技能,才能胜任会计工作。作为一名会计工作者,必须不断地提高其职业技能,这既是会计人员的义务,也是在职业活动中做到客观公正、坚持准则的基础,是参与管理的前提。

会计人员在对会计事项进行确认、计量、记录和报告,以及对单位内部会计控制制度设计中,都需要有扎实的理论功底和丰富的实践经验。在进行具体业务处理时,对会计处理方法的选择、会计估计的变更、会计信息电算化的处理、网络化传输等,都是技术性很强的工作。没有娴熟的专业技能,是无法开展会计工作、履行会计职责的。特别是我国加入世界贸易组织以后,中国经济逐渐融入全球经济体系,要求会计准则、会计制度与国际会计惯例充分协调,需要会计人员不断地学习新的会计理论和新的准则制度,熟悉和掌握新的法律法规。

因此,会计人员只有不断地学习,才能保持持续的专业胜任能力、职业判断能力和交流沟通能力,通过不断地提高会计专业技能,以适应我国深化会计改革和会计国际化的要求。

(二)提高技能的基本要求

1. 具有不断提高会计专业技能的意识和愿望。随着市场经济的发展、全球经济一体化以及科学技术日新月异,会计在经济发展中的作用越来越明显,对会计的要求也越来越高,会计人才的竞争也越来越激烈。会计人员要想生存和发展,就必须具有不断提高会计专业技能的意识和愿望,不断进取,主动地求知、求学,刻苦钻研,使自身的专业技能不断提高,使自己的知识不断更新,从而掌握过硬的本领,在会计人才的竞争中立于不败之地。

2. 具有勤学苦练的精神和科学的学习方法。专业技能的提高和学习不是一蹴而就之事,必须持之以恒,不间断地学习,"活到老学到老"。只有锲而不舍地"勤学",并掌握科学的学习方法,在学中思,在思中学,在实践中不断锤炼,才能有效地提高自己的业务水平,才能推动会计工作和会计职业的发展,适应不断变化的新形势和新情况的需要。

谦虚好学、刻苦钻研、锲而不舍,是练就高超的专业技术和过硬本领的唯一途径,也是衡量会计人员职业道德水准高低的重要标志。

【范例探究4·多选题】

会计职业道德中的"提高技能",其主要内容包括(　　)。

A.会计及相关专业理论水平　　　　B.会计实务操作能力
C.沟通交流能力　　　　　　　　　D.职业判断能力

[答案]　ABCD

[解析]　职业技能包括:会计理论水平、会计实务操作能力、职业判断能力、自动更新知识能力、提供会计信息的能力、沟通交流能力以及职业经验等。

七、参与管理

(一)参与管理的含义

参与管理简单地讲就是参加管理活动,为管理者当参谋,为管理活动服务。参与管理就是要求会计人员积极主动地向单位领导反映本单位的财务、经营状况及存在的问题,主动提出合理化建议,积极地参与市场调研和预测,参与决策方案的制订和选择,参与决策的执行、检查和监督,为领导的经营管理和决策活动当好助手和参谋。会计管理是企业管理的重要组成部分,在企业管理中具有十分重要的作用,但会计工作的性质决定了会计在企业管理活动中,更多的是从事间接管理活动。如果没有会计人员的积极参与,企业的经营管理就会出现问题,决策就可能出现失误。会计人员特别是会计部门的负责人,必须强化自己参与管理、当好参谋的角色意识和责任意识。

(二)参与管理的基本要求

1. 努力钻研业务,熟悉财经法规和相关制度,提高业务技能,为参与管理打下坚实的基础。娴熟的业务和精湛的技能,是会计人员参与管理的前提。会计人员只有努力钻研业务,不断提高业务技能,深刻领会财经法规和相关制度,才能有效地参与管理,改善经营管理,提高经济效益服务。首先,要求会计人员有扎实的基本功,掌握会计的基本理论、基本方法和基本技能,做好会计核算的各项基础性工作,确保会计信息真实、完整。其次,要充分利用掌握的大量会计信息,运用各种管理分析方法,对单位的经营管理活动进行分析、预测,找出经营管理中的问题和薄弱环节,提出改进意见和措施,把管理结合在日常工作之中。从而使会计的事后反映变为事前的预测和事中的控制,真正起到当家理财的作用,成为决策层的参谋助手。

2. 熟悉服务对象的经营活动和业务流程,使管理活动更具针对性和有效性。会计人员应当了解本单位的整体情况,特别是要熟悉本单位的生产经营、业务流程和管理情况,掌握单位的生产经营能力、技术设备条件、产品市场及资源状况等情况。只有如此,才能充分利用会计工作的优势,更好地满足经营管理的需要,才能在参与管理的活动中有针对性地拟定可行性方案,从而提高经营决策的合理性和科学性,更有效地服务于单位的总体发展目标。

八、强化服务

(一)强化服务的含义

强化服务就是要求会计人员具有文明的服务态度、强烈的服务意识和优良的服务质量。服务态度是服务者的行为表现,"文明服务,以礼待人",不仅仅是对服务行业提出的道德要求,还是对所有职业活动提出的道德要求。在我们的社会生活中,各岗位上的就业者都在服务他人并接受他人的服务。

会计工作虽不能说是"窗口"行业,但其工作涉及面广,往往需要服务对象和其他部门的协作及配合,再加上会计工作的政策性又很强,使其在工作交往和处理业务过程中容易同其他部门及服务对象发生利益冲突或意见分歧。因此,会计人员待人处世的态度直接关系到工作能否顺利开展和工作的成效。这就要求会计人员不仅要有热情、耐心、诚恳的工作态度,待人平等礼貌,而且还要在遇到问题时充分尊重服务对象和其他部门的意见,从而做到大事讲原则,小事讲风格,沟通讲策略,用语讲准确,建议看场合。

强化服务的结果,就是奉献社会。任何职业的利益、职业劳动者个人的利益,都必须服从社会的利益、国家的利益。如果说爱岗敬业是职业道德的出发点,那么强化服务、奉献社会就是职业道德的归宿。

(二)强化服务的基本要求

1. 强化服务意识。会计人员要树立强烈的服务意识,为管理者服务,为所有者服务,为社会公众服务,为人民服务。不论服务对象的地位高低,都要摆正自己的位置,管钱管账是自己的工作职责,参与管理是自己的义务。只有树立了强烈的服务意识,才能做好会计工作,履行会计职能,为单位和社会经济的发展作出应有的贡献。

2. 提高服务质量。强化服务的关键是提高服务质量,单位会计人员的服务质量表现在是否真实地记录单位的经济活动,是否向有关方面提供可靠的会计信息,是否积极主动地向单位领导反映经营活动情况和存在的问题,提出合理化建议,协助领导决策,参与经营管理活动。注册会计师的服务质量表现在是否以客观、公正的态度正确评价委托单位的财务状况、经营成果,出具恰当的审计报告,为社会公众及信息使用者服好务。

需要注意的是,在会计工作中提供上乘的服务,并非是无原则地满足服务主体的需要,而是在坚持原则、坚持准则的基础上,尽量满足用户或服务主体的需要。

第三节　会计职业道德教育与修养

【重点、难点、疑点解读及范例探究】

实现以"诚信"为核心的会计职业道德目标,必须要多管齐下,开展全方位、多形式、多渠道的会计职业道德教育,从而有利于逐步培养会计人员的会计职业道德情感,树立会计职业道德观念,提高会计职业道德水平,使会计职业健康发展。

一、会计职业道德教育

(一)会计职业道德教育的含义与形式

会计职业道德教育是为了使会计人员正确履行会计职责,而对其实行的有目的、有计划、有系统的教育活动。主要形式包括接受教育和自我教育。

1. 接受教育

接受教育即外在教育,是指通过学校或培训单位对会计从业人员进行以职业责任、职业义务为核心内容的正面灌输,以规范其职业行为,维护国家和社会公众利益的教育。接受教育具有导向作用,行业部门或行业协会通常是职业道德教育的组织者,由其对从业人员开展正面职业道德教育和灌输。接受教育是一种被动学习、被动接受教育。

2. 自我教育

自我教育是内在教育,是从业人员自我学习、自我改造、自身道德修养的行为活动。自我教育把外在的职业道德的要求,逐步转变为会计从业人员内在的职业道德情感、职业道德意志和职业道德信念。要大力提倡和引导会计人员自我教育,在社会实践中不断地加强职业道德修养,养成良好的道德行为,从而实现道德境界的升华。

(二)会计职业道德教育内容

1. 会计职业道德观念教育

会计职业道德观念教育就是在社会上广泛宣传会计职业道德基本常识,使广大会计人员懂得什么是会计职业道德,了解会计职业道德对社会经济秩序、会计信息质量的影响,以及违反会计职业道德将受到的惩戒和处罚。同时,利用广播电视、报纸杂志等媒介,表彰坚持原则、德才兼备的会计人员,鞭笞违法违纪的会计行为,形成遵守职业道德光荣,违反职业道德可耻的社会氛围。

2. 会计职业道德规范教育

这是指对会计人员开展以会计职业道德规范为内容的教育。会计职业道德规范的主要内容包括爱岗敬业、诚实守信、廉洁自律、客观公正、坚持准则、提高技能、参与管理和强化服务等。这是会计职业道德教育的核心内容,应贯穿于会计职业道德教育的始终。

3. 会计职业道德警示教育

就是指通过开展对违反会计职业道德行为和对违法会计行为典型案例的讨论和剖析，给会计人员以启发和警示，从而可以提高会计人员的法律意识和会计职业道德观念，提高会计人员辨别是非的能力。

(三)会计职业道德教育途径

1. 岗前职业道德教育

岗前职业道德教育是指对将要从事会计职业的人员进行的道德教育。包括会计专业学历教育及获取会计从业资格中的职业道德教育。教育的侧重点应放在职业观念、职业情感及职业规范等方面。

(1)会计学历教育中的职业道德教育

《公民道德建设实施纲要》中指出："学校是进行系统道德教育的重要阵地。各级各类学校必须认真贯彻党的教育方针，全面推进素质教育。"我国大专院校是培养各类专门人才的基地，其会计类专业就读的学生是会计队伍的预备人员，他们当中大部分将走入会计队伍，从事会计工作。会计学历教育的阶段是他们的会计职业情感、道德观念和是非善恶判断标准初步形成的时期。所以，会计专业类大专院校是会计职业道德教育的重要阵地，是会计人员岗前道德教育的主要场所，在会计职业道德教育中具有基础性地位。据统计，我国每年有10万名左右的大中专毕业生进入会计队伍的行列。为保证进入到会计队伍的新鲜血液具有良好的职业道德观念，会计职业道德教育必须从会计学历教育抓起。

(2)获取会计从业资格中的职业道德教育

在我国，根据财政部门的有关规定，从事会计工作必须持证上岗。对于要从事会计工作的从业人员来说，必须通过考试取得会计从业资格。为了使希望从事会计职业的人员在进入会计岗位时具备一定的会计职业素养，财政部在会计从业资格考试科目中设置了《财经法规与会计职业道德》一项，并且规定符合免试条件的报考人员可免试其他课程，但不可免试该课程。

2. 岗位职业道德继续教育

继续教育是指从业人员在完成某一阶段的工作和学习后，重新接受一定形式的、有组织的、知识更新的教育和培训活动。会计人员继续教育是强化会计职业道德教育的有效形式。

会计职业道德教育应贯穿于整个会计人员继续教育的始终。在岗位职业道德继续教育中应体现出社会经济的发展变化对道德的要求，也就是说在不同的阶段，道德教育的侧重点应有所不同。就现阶段而言，会计人员继续教育中的会计职业道德教育目标是适应新的市场经济形势的发展变化，在不断更新、补充、拓展会计人员业务能力的同时，使其政治素质、职业道德水平得到不断提高。

二、会计职业道德修养

(一)会计职业道德修养的含义

会计职业道德修养是指会计人员在会计职业活动中，按照会计职业道德的基本要求，在自身道德品质方面进行的自我教育、自我改造、自我锻炼、自我提高，从而达到一定的职业道德境界。

会计职业道德修养要求会计人员学习职业道德的知识,培养自己的职业情感,在履行义务时,克服困难障碍,磨炼职业道德意志,树立坚定的职业道德信念。职业道德修养的最终目的在于,把职业道德原则和规范逐步转化为自己的职业道德品质,从而将职业实践中对职业道德的意识情感和信念上升为职业道德习惯,使其贯穿于职业活动的始终。此时,会计人员对职业道德规范的遵守,已成为自己的职业本能。

会计职业道德修养和会计职业道德教育是相辅相成的两个方面。在我国经济体制转型期间,先进与落后的道德思想并存。因此,必须通过教育、灌输和培养,以使先进的道德思想发扬光大。而道德觉悟和道德境界的形成,最终必须通过自我修养和自我改造,甚至要经过一个非常复杂的自我磨炼过程。因此,会计职业道德教育是外因,会计职业道德修养是内因,职业道德原则和规范转化为会计人员的职业道德品质和行为,是一个内外结合、外因通过内因起作用的过程。所以,在我国的会计职业道德体系的建设中,对职业道德教育和职业道德修养要齐抓共建。

(二)会计职业道德修养的环节

1. 形成正确的会计职业道德认知。

2. 培养高尚的会计职业道德情感。

3. 树立坚定的会计职业道德信念。

4. 养成良好的会计职业道德行为。

这几个环节相互联系,不可或缺,形成一个完整的会计职业道德修养过程。

(三)会计职业道德修养的提升方法

提升道德修养的具体方法可以是多种多样的。根据职业道德品质形成和发展规律的要求,以及优秀人物成长的经验,加强会计职业道德修养,应综合运用以下几种具体方法:

1. 不断地进行"内省"

内省就是认真自省,就是通过自我反思、自我解剖、自我总结而发扬长处、克服短处,不断自我升华、自我超越。

2. 提倡"慎独"精神

会计职业道德修养的最高境界在于做到"慎独",即在一个人单独处事、无人监督的情况下,也应该自觉地按照道德准则去办事。慎独的前提是坚定的职业信念和职业良心。会计职业道德修养讲"慎独",就是要求每个会计人员严格要求自己,在履行职责时自律谨慎,不管财经法规或制度是否有漏洞,也不管是否有人监督、领导管理是否严格,都应按照职业道德的要求去办事。

3. 虚心向先进人物学习

榜样的力量是无穷的,优秀人物的高尚行为能给人以巨大的感染力和推动力。向会计工作中的先进人物学习,不仅要学习他们的动人事迹,更要以他们为标杆激励自己,并将学到的优秀品格落实到具体工作和具体行动中去。

第四节　会计职业道德建设

【重点、难点、疑点解读及范例探究】

为了充分发挥会计职业道德的作用,健全会计职业道德体系,应在建立会计职业道德规范和加强职业道德教育的基础上,强化对会计人员职业道德规范遵循情况的检查,加强会计职业道德建设。

各级财政部门、会计职业团体、机关、企业、事业单位都要充分认识到当前加强会计职业道德建设的重要性和必要性,积极探索会计职业道德建设的组织与实施的体制和机制,实现齐抓共管,使我国会计职业道德水平迈上一个新的台阶。

一、财政部门的组织推动

在我国,财政部门作为会计工作的主管部门,在会计职业道德建设中发挥了重要的作用,是会计职业道德建设的主要推动者和组织者。各级财政部门应当采取多种形式开展会计职业道德建设教育,并发挥自身会计工作主管部门的优势,通过完善会计法律法规,推动会计职业道德建设。

（一）采用多种形式开展会计职业道德宣传教育

《会计法》规定,县级以上财政部门管理本行政区域内的会计工作。各级财政部门应当以依法治国与以德治国的基本方略为指导,正确认知法治与德治的辩证关系,认识到会计职业道德建设的重要性,认识到新形势下加强会计职业道德建设的艰巨性、长期性和紧迫性,把会计职业道德建设作为新时期会计管理工作的一项十分重要的内容,负起组织和推动本地区会计职业道德建设的责任。

各级财政部门要充分结合本地区的实际情况,加大对会计职业道德建设的宣传形式,如举办会计职业道德演讲、竞赛、有奖征文等活动,积极发挥思想文化阵地在职业道德建设中的作用,牢牢把握正确的舆论导向,唱响主旋律,营造会计职业道德建设的良好氛围。

（二）会计职业道德建设与会计从业资格证书注册登记管理相结合

会计从业资格证书注册登记制度,是指取得会计从业资格的人员,被单位聘用从事会计工作时,应由本人或本人所在单位提出申请,按照会计从业资格管理部门规定的时间到会计从业资格管理部门进行注册登记。根据《会计从业资格管理办法》的规定,会计从业资格证书实行定期年检制度。年检时审查的内容包括持证人员遵守财经纪律、法规和会计职业纪律情况,依法履行会计职责情况,不符合有关规定的不予通过年检。

《会计基础工作规范》第二十四条规定:"财政部门、业务主管部门和各单位应当定期检查会计人员遵守职业道德的情况,并作为会计人员晋升、晋级、聘任专业职务,表彰奖励的重要考核依据。会计人员违反职业道德的,由所在单位进行处罚;情节严重的,由会计从业资格证书发证机关吊销其会计从业资格证书。"

因此,将会计从业资格证书注册登记和年检制度与会计职业道德检查结合起来,有利于强化对会计人员行为的约束,强制引导会计人员遵守会计职业道德。对那些不遵守会计职业道德规范及道德考核不合格的人,不予通过年检。这样就会使会计人员像重视自己的从业资格一样重视自身的职业道德操守,自觉遵守会计职业道德规范的要求。

为了加强对会计人员职业道德情况的考核检查,财政部门正在考虑建立会计持证人员诚信档案。目前,财政部门对会计从业资格证书档案实行电子计算机管理,为建立会计人员诚信档案创造了有利条件。可以结合会计从业资格证书注册登记、年检和其他行政检查工作,将会计人员执行会计法规制度和会计职业道德情况以及受到的奖惩情况等,输入电子档案,形成会计人员的诚信档案。这不仅可以作为财政部门监管会计人员的依据,也可以向用人单位和社会公众公开,从而督促、约束、激励会计人员严格自律,认真执行会计职业道德规范。

(三)会计职业道德建设与会计专业技术资格考评及聘用相结合

根据财政部、人事部联合印发的《会计专业技术资格考试暂行规定》及其实施办法规定,报考初级资格、中级资格的会计人员,应"坚持原则,具备良好的职业道德品质"。会计专业技术资格考试管理机构在组织报名时,应对参加报名的会计人员职业道德情况进行检查,对有不遵循会计职业道德记录的,应取消其报名资格。

目前,高级会计师资格实行评审方式,但有不少地方已开始试行高级会计师资格考试与评审相结合的方式。由于高级会计师资格的取得是采取考试和评审相结合,因此有必要在考试和评审两个方面对其会计职业道德进行检查、考核。一是在考试方面。考虑到职业道德对高级会计师的重要性,有必要增设职业道德的内容,从理论上加深其对会计职业道德的理解和认识。二是在评审方面。要对申报人的会计职业道德情况严格审查。三是规定一些关于职业道德规范的否决条款。比如申报人曾因违法犯罪行为而受过刑事处罚,不能参加高级会计师资格的评审。将会计职业道德奖惩与会计专业技术资格的考、评、聘联系起来,必将使广大会计人员像重视自己专业技术职称一样重视自己的职业道德形象,在日常的学习和工作中不断提高自身的职业道德修养。

(四)会计职业道德建设与《会计法》执法检查相结合

财政部门作为《中华人民共和国会计法》的执法主体,可以依法对社会各单位执行会计法律制度情况及会计信息质量进行不同形式的检查或抽查。通过检查,一方面督促各单位严格执行会计法律法规,另一方面也是对各单位会计人员执行会计职业道德情况的检查和检验。

改革开放以来,我国财政部经常开展全国性的财经大检查。2001年1月,财政部在全国范围内组织开展了《中华人民共和国会计法》执行情况的检查,有违反《中华人民共和国会计法》的行为,也一定违反了会计职业道德要求。这不仅要承担《中华人民共和国会计法》规定的法律责任,受到行政处罚或刑事处罚,同时还必须接受相应的道德制裁。一般可以采取在会计行业范围内通报批评,指令其参加一定学时的继续教育课程,暂停从业资格,在行业内部的公开刊物上予以曝光等方法给予惩罚。法律惩罚和道德惩罚两者是并行不悖、不可替代的,应考虑并举。

(五)会计职业道德建设与会计人员表彰奖励制度相结合

我国《会计法》规定:"对认真执行本法,忠于职守,坚持原则,作出显著成绩的会计人员,给予精神的或者物质的奖励。"对于那些在会计工作中自觉遵循会计职业道德标准的优秀会计人员,有关部门应当对其给予精神的或物质上的奖励。对其进行奖励、表彰,使受奖者遵循会计职业道德的行为得到社会肯定,有利于弘扬会计职业道德精神,有利于促进会计人员"比、学、赶、帮、超"的氛围的形成,促进会计职业道德建设的全面开展。

我国会计人员表彰制度早在1963年已经实施,发布的《会计人员职权试行条例》中确立了会计人员奖惩制度。根据1988年财政部印发的《颁发会计人员证书试行规定》,我国建立了会计人员荣誉证书制度,有利于稳定会计队伍,调动并充分发挥会计人员的积极性。

二、会计行业组织对会计职业道德进行自律管理与约束

对会计职业道德情况的检查,除了依靠政府监管外,行业自律也是一种重要手段。会计行业自律是一个群体概念,是会计职业组织对整个会计职业的会计行为进行自我约束、自我控制的过程。在会计职业较发达的市场经济国家,会计职业道德准则一般由会计职业组织制定、颁布与督导实施,有些做法和经验值得借鉴。

在日常会计工作中,经常发生这样的情况,一些会计人员缺乏必要的专业能力,业务素质低下,专业知识贫乏,对新颁布的会计准则、会计制度知之甚少,从而导致记账不符合规范,账簿混乱,账账、账表不符,报表挤数现象时有发生。还有一些会计人员按照领导的意志,放弃了客观性原则,钻准则、制度的空子,通过改变会计估计或会计方法,调节利润或亏损,从而达到隐瞒拖欠或逃避应交税利的目的。这些做法有的虽然没有触犯法律,但却违反了会计职业道德的要求。在会计行业自律组织比较健全的情况下,可以由职业团体通过自律性监管,对发现违反会计职业道德规范的行为进行相应的惩罚,根据情节轻重程度采取通报批评、罚款、支付费用、取消其会员资格、警告、退回向客户收取的费用以及参加后续教育等方式进行。目前,我国会计职业的行业自律机制尚不健全,对违反会计职业道德的会计人员和会计师事务所惩处力度不够。所以,必须建立、健全会计职业团体自律性监管机制,确保会计职业的健康发展。

近些年来,我国通过会计行业组织强化自律管理和行业惩戒,已取得了一定进展。中国注册会计师协会作为注册会计师行业自律组织,为提高我国注册会计师职业道德水平作出了积极努力,先后发布了《中国注册会计师职业道德基本准则》《中国注册会计师职业道德规范指导意见》以及《注册会计师、注册资产评估师行业诚信建设实施纲要》等,研究建立调查委员会、技术鉴定委员会、惩戒委员会等行业自律性决策组织。由于我国会计职业组织建立比较晚,自律性监管还比较薄弱,在注册会计师职业道德规范的实施与惩戒过程中仍存在不少问题。要求注册会计师职业组织从行业整体利益和社会责任出发,切实改进管理和服务,把行业建设好。

三、社会各界各尽其责,相互配合,齐抓共管

加强会计职业道德建设,既是提高广大会计人员素质的一项基础性工作,又是一项复杂的社会系统工程,不仅是某一个单位、某一个部门的任务,也是各地区、各部门、各单位的共同责任。正如《公民道德建设实施纲要》指出:"推进公民道德建设,需要社会各方面的共同努

力。各级宣传、教育、文化、科技、组织人事、纪检监察等党政部门,工会、共青团、妇联等群众团体以及社会各界,都应当在党委的统一领导下,各尽其责,相互配合,把道德建设与业务工作紧密结合起来,纳入目标管理责任制,制定规划,完善措施,扎实推进。要充分发挥各民主党派和工商联在公民道德建设中的作用。"因此,加强会计职业道德建设,不仅各级党组织要管,各级机关、群众组织等也要管。只有重视和加强各级组织、广大群众和新闻媒体的监督作用,努力实现齐抓共管,形成合力,才能有效地搞好会计职业道德建设,更好地提高广大会计人员的思想道德素质。

【本章知识网络结构图】

会计职业道德教育与修养
- 会计职业道德概述
  - 职业道德的概念和主要内容
  - 会计职业道德
- 会计职业道德的内容
- 会计职业道德教育与修养
  - 会计职业道德教育
  - 会计职业道德修养
- 会计职业道德建设
  - 财政部门的组织推动
  - 会计职业组织的行业自律
  - 社会各界齐抓共管

附：案例赏析

公生明，廉生威

刘新华，一个极普通的会计人，在近十年的财会工作中，恪尽职守，勤奋敬业，甘于清贫，淡泊名利。多年的职业生涯使他树立了一个职场信念：没有人能打败你，能打败你的只有你自己。无论对个人还是对公司而言都是如此，必须从自身做起，廉洁自律、诚实守信、坚持原则。他最欣赏的一句话就是："会计人员要有一双透射的眼睛，要知道数字背后是什么，这就需要不断了解企业的运营，了解企业的战略，并结合企业战略制定财务战略，转而达到提升企业的目的。"刘新华供职的上市公司是一家大型国有企业，但公司的产品质量与国外的同类产品有很大的差距。产品的重要原料有80%靠进口，自己生产的原料质量达不到国内重要大客户的要求。由于进口原料价格昂贵，导致成本居高不下，在市场中价格没有竞争优势。同时，进口原料的产量波动也对其产品造成直接影响。

根据当时情况，公司要生存下去，就必须对原材料自行生产，进行技术改造，提高原料质量。但进行技术改造，企业就得投入大量的资金，而且相应的生产设备也要大量进口，在技术上还需要专家指导。公司虽然在目前的情况下还不至于亏损，可是公司现金流不充足，技术改造的大量资金要从银行贷款，每年的贷款利息也是笔很大的支出。

这个重大决策从某种程度上讲可能是企业唯一的生存之路，但同样也可能让企业败走麦城，陷入困境。一旦技改投资失败，那对企业来讲就是灭顶之灾，也许从此就一蹶不振，更不要说发展了。这个重大的决策要经过各部门和领导层的反复讨论，在很大程度上需要真实的财务数据支持，财务数据是决定是否进行投资和技术改造的重要依据。

然而，这个重大的决策却在匆忙之中由企业上市后的第一批领导层作出了。在第二批领导层接手时，这个决策的失误就已经显山露水了，企业因此走上亏损之路。第一批领导眼看企业已经深陷泥潭，便走的走、溜的溜。于是在危难之际，第二批领导层匆忙上任。作为第二批领导层中的一员，刘新华上任以后开始认真分析公司目前所处的境况：公司所需设备是从国外进口的二手设备，公司高层对这个项目所需资金估计不足，两年内已经陆续投入两个亿，两年的资金利息让企业不堪重负。同时，随着国际市场的变化，当企业在大张旗鼓地进行技术改造投入时，国外已经停止生产这种产品了。也就是说，这些产品基本属于淘汰品种，受到国外大环境的影响，国内市场对这种产品的需求也急转直下。

刘新华根据对企业目前状况的分析，清楚地意识到企业现在所处的困境，企业实际上已经陷入了一个死循环——用自己的原材料生产出来的产品质量达不到客户要求，可是又不能停止生产，因为机器设备停止生产后重新启动的成本更大，产品不断生产又不断积压，企业为了维持生存，保证现金流，又不得不亏本出售，生产越多，亏损就越多。

总之，企业寄希望的技术改造非但没有给企业带来一条光明之路，反而把企业引入了一个死胡同。还有一个更大的压力，那就是公司已经有一年亏损了，如果再亏损一年就会转入ST企业。在这种情况下，只有良好的年度报告会使投资者增加信心，对公司的股票价格产生有利的影响。

当这些问题摆在面前的时候,企业即将面临会计师事务所的年报审计,尽管一份明晰、详尽的年度报告在中国还属罕见,但不可否认的是年度报告的数字仍然是决定企业价值的核心要素,也决定着社会公众对其的信任度。如果按真实的数字进行披露就势必影响投资者的信心,最直接的是造成公司的股票大幅度下跌,而且极有可能跌破面值。

于是,公司领导从企业的利益出发,同时也为了其自身利益,开始要求财务部门在数字上做一些文章,从而达到粉饰报表的目的。

公司的总经理将刘新华找来,语重心长地对他说:"新华,你是公司的老员工了,对公司应该很有感情,公司对你也不错,培养了你,也曾经送你出去学习深造。现在公司遇到了困难,我们是不是都应该为公司出一把力呢?你和你爱人都在这个公司,你也不愿意看着公司就这么垮了吧,公司垮了,对你的家庭也是最为不利的。"

刘新华当然对公司当前面临的困境十分清楚,他对企业也很有感情,自从大专毕业后他就被分配到公司从事财务工作,一干就是十多年,加上爱人也是公司的员工,这个公司可以说是他半个家。但在工作中他已经养成了客观、严谨的工作态度,诚实可靠、有责任感的工作作风与职业道德,这些都自动驱使他去增产节约、开源节流、廉洁自律、奉公守法,但并没有教会他如何去舞弊造假。

在经过反复细致的痛苦思考后,刘新华对总经理说:"我对公司是很有感情的,公司的现状摆在眼前,我也一直在认真思考,但是很难。你看我手里的借款合同就有整整89份之多,总计金额近几个亿,几个亿啊!我拿在手里心里都发慌,这些全是欠国家的钱,每天都有银行打电话追着要钱,那种尴尬与狼狈就不必说了,我现在与那过街的老鼠又有什么区别?现在我只要一听到电话铃声,心里就发慌。我认为现在我们的首要问题是如何真正为企业摆脱困境,而不是在财务上做文章骗取社会信任。"

听了刘新华的话,老总的脸色特别难看,他站了起来,大声地说道:"你知道吗,你的态度和决定将会关系到企业的生死存亡。不要被公司暂时的困难所吓倒,如果公司能够挺过今年这一关,就会东山再起,所有这些有点不合理的东西都会得到更正。你们年轻人就是没有经历过大风大浪,一遇到困难就打退堂鼓,这点困难算什么呀,我知道你的能力,只要在报表上面做做文章,一切问题不就迎刃而解了吗?我知道,你为公司做了许多贡献,公司是不会亏待你的,你会为你的付出有所得的,你不要担心以后的生活。我明说吧,你的付出将会为你换来下半辈子的安逸,我希望你能认真考虑一下,你不用立即回答我,回家去和老婆商量一下,我相信孰重孰轻你应该能够分得清。"

回到家里刘新华不停地抽烟,他心里特别矛盾,如果公司挺不过今年,那么就会被沦为PT类公司,甚至有退市的威胁,同时这也将影响到他的前途和家庭的命运。而且不可否认的是摆在他面前的还有一份相当有分量的诱惑,如果能在报表上做文章,那么他就会得到一份不菲的收益,非但自己的位子依然会稳如泰山,而且家庭的环境也会得到改善。

但刘新华也深刻认识到,一个上市公司的财务报告是面对社会公众的,它应该呈现出充分的透明度。公司数据如果不实,将会对投资人和债权人造成损害,从而使广大的中小投资者蒙受更大的损失。如果他按照决策层的要求去做,这不但违背他做人的原则,同样也是违背一个会计人应有的职业道德准则。

显然公司的老总也找他的爱人谈了话,爱人回到家里对刘新华说:"你应该好好考虑一下,我们两个人都在一个公司,如果我们俩人都丢了工作,那么孩子读书怎么办?而且老总说了公司这些都是暂时性的困难,他说已经联系好了,马上就有新的投资人加入,只要能顺利渡过这个困难期,所有的亏损就可以消化掉,他说根本就没有什么风险,是你的胆子太小了。"

听了爱人的话,刘新华叹道:"我何尝不为自己的利益和家庭的利益打算。但是,你知道吗,老总说在报表上做做文章,实际上就是要我做假账,你和我都不是小孩子,应该分得清什么是对,什么是错。任何做假都是违背实事求是精神的,违背了实事求是的精神,也就丧失了作为一名合格会计人员最起码的职业道德和行为准则。难道你要我一辈子都活在痛苦的煎熬之中,时时刻刻等着被揭穿的那一天吗?"

刘新华彻夜未眠,直到天色越来越亮,这个世界渐渐苏醒并开始忙碌起来。刘新华依然呆坐着,他一夜未眠但却毫无倦意,就在此时他终于下定了决心。早晨一上班,他就向董事长提交了辞职报告,并且委婉地劝告说:"我认为公司应该想办法真正地走出困境,而不是在报表上作秀,业绩不是做出来的,纸是包不住火的,希望老总能好好考虑考虑,我就言尽于此。"

刘新华走了,离开了他工作十多年的公司,离开了让很多人眼红的位置,带着他会计人的信念和执著走了……

下 篇

各个击破　全真演练

第一章 《会计法律制度》习题演练

一、单项选择题

1. 根据会计法律制度的规定,(   )主管全国的会计工作。
   A.国务院   B.国务院财政部门
   C.国内经济贸易委员会   D.国家税务总局

2. 根据《会计法》的规定,(   )为各单位会计工作的监督检查部门,对各单位会计工作行使监督权,对违法会计行为实施行政处罚。
   A.县级以上人民政府税务部门   B.县级以上人民政府审计部门
   C.县级以上人民政府工商部门   D.县级以上人民政府财政部门

3. 根据会计法律制度的规定,(   )对本单位的会计工作和会计资料的真实性、完整性负责。
   A.总会计师   B.会计机构负责人   C.主管会计人员   D.单位负责人

4. 根据会计法律制度的规定,对本单位会计工作承担第一责任的人员是(   )。
   A.董事长   B.会计机构负责人   C.总会计师   D.会计主管人员

5. 某单位会计张某采用涂改手段,将金额为10000元的购货发票改为40000元。根据《会计法》的规定,该行为属于(   )。
   A.伪造会计凭证   B.变造会计凭证   C.伪造会计账簿   D.变造会计账簿

6. 在中国境内的外商投资企业,会计记录使用的文字符合规定的是(   )。
   A.只能使用中文,不能使用其他文字   B.只能使用外文
   C.在中文和外文中选择一种   D.使用中文,同时可以选择一种外文

7. 根据会计法律制度的规定,会计人员在对原始凭证进行审核时,对于记载不准确、不完整的原始凭证,应当(   )。
   A.不予受理   B.予以扣留
   C.向单位负责人报告   D.要求经办人员更正、补充

8. 根据会计法律制度的规定,外来原始凭证的金额有错误时,应当采取的正确做法是(   )。
   A.由出具单位重开   B.由出具单位更正并加盖出具单位印章
   C.由接受单位更正并加盖接受单位印章   D.由经办人员更正并加盖经办人员印章

9. 根据会计法律制度的规定,单位负责人、主管会计工作的负责人、会计机构负责人在财务会计报告上签章的下列做法中,符合规定的是(   )。
   A.签名   B.签章   C.签名或盖章   D.签名并盖章

10. 根据会计法律制度的规定,下列各项中不属于会计档案的是(   )。
    A.会计移交清册   B.原始凭证   C.月度财务计划   D.记账凭证

11. 根据会计法律制度的规定,会计档案保管期限分为永久和定期两类。定期保管的会计档案,其最短期限是(　　)。

    A.1 年　　　　　B.2 年　　　　　C.3 年　　　　　D.5 年

12. 根据会计法律制度的规定,会计档案保管期限分为永久和定期两类。定期保管的会计档案,其最长期限是(　　)。

    A.5 年　　　　　B.10 年　　　　C.20 年　　　　D.25 年

13. 根据会计法律制度的规定,会计档案保管期限从(　　)算起。

    A.经济业务实际发生日　　　　　B.原始凭证注明的日期

    C.记账凭证注明的日期　　　　　D.会计年度终了后的第一天

14. 根据会计法律制度的规定,会计档案保管期满需要销毁的,应当由(　　)在会计档案销毁清册上签署意见。

    A.总会计师　　B.会计机构负责人　　C.主管会计人员　　D.单位负责人

15. 根据《会计法》的规定,单位内部会计监督的主体是指(　　)。

    A.财政、审计、税务机关　　　　　B.注册会计师及会计事务所

    C.本单位的会计机构和会计人员　　D.本单位的内部审计机构及其人员

16. 根据会计法律制度的规定,总会计师是(　　)。

    A.专业技术职务　　　　　B.会计机构负责人

    C.单位行政领导职务　　　D.单位行政非领导职务

17. 根据会计法律制度的相关规定,持证人员从事会计工作,应当自从事会计工作之日起(　　)内,到单位所在地的会计从业资格管理机构办理注册登记。

    A.30 日　　　　　B.90 日　　　　　C.60 日　　　　　D.6 个月

18. 根据会计法律制度的规定,持证人员在同一会计从业资格管理机构管辖范围内调转工作单位,且继续从事会计工作的,应当自离开工作单位之日起(　　)内,办理调转登记。

    A.30 日　　　　　B.90 日　　　　　C.60 日　　　　　D.6 个月

19. 根据会计法律制度的规定,持证人员离开会计工作岗位超过(　　)的,应当向原注册登记的会计从业管理机构备案。

    A.30 日　　　　　B.60 日　　　　　C.90 日　　　　　D.6 个月

20. 根据会计法律制度的规定,会计人员每年接受培训(面试)的时间累计不得少于(　　)。

    A.20 小时　　　　B.24 小时　　　　C.30 小时　　　　D.48 小时

21. 根据会计法律制度的规定,下列各项中出纳人员可以兼任的工作为(　　)。

    A.稽核工作　　　　　　　　　B.会计档案保管工作

    C.收入、费用、债权债务账目的登记工作　　D.固定资产登记工作

22. 根据会计法律制度的规定,单位负责人的直系亲属不得在本单位担任的会计工作岗位是(　　)。

    A.会计机构负责人　　B.稽核　　　C.会计档案保管　　　D.出纳

23. 根据会计法律制度的规定,会计机构负责人办理交接手续时,由(　　)负责监交。

    A.会计机构负责人　　B.总会计师　　C.单位负责人　　D.上级主管单位

24. 根据会计法律制度的规定,一般会计人员在办理会计工作交接手续时,负责监交的人员应当是(   )。

    A.单位负责人   B.其他会计人员

    C.会计机构负责人   D.单位档案管理人员

25. 根据会计法律制度的规定,在办理会计工作交接手续中,发现"白条顶库现象",应采取的做法是(   )。

    A.由监交人员负责查清处理   B.由接管人员在移交后负责查清处理

    C.由内部审计人员负责查清处理   D.由移交人员在规定期限内负责查清处理

26. 下列各项中,不属于会计法规定的行政处罚形式是(   )。

    A.警告   B.罚款   C.吊销会计从业资格证书   D.责令停产停业

27. 根据《会计法》的规定,对随意变更会计处理方法的单位,县级以上人民政府财政部门责令限期改正,并可以处(   )。

    A.2000 元以上 5 万元以下的罚款   B.3000 元以上 5 万元以下的罚款

    C.5000 元以上 5 万元以下的罚款   D.1 万元以上 10 万元以下的罚款

28. 某财政局对该技术监督局进行财务会计检查时,发现该局存在编制虚假财务会计报告的情况。根据《会计法》的规定,如果上述行为不构成犯罪,财政局可对技术监督局处以罚款。该罚款的数额范围是(   )。

    A.3000 元以上 5 万元以下   B.5000 元以上 5 万元以下

    C.5000 元以上 10 万元以下   D.2 万元以上 20 万元以下

29. 根据《会计法》的规定,单位负责人对依法履行职责、抵制违反《会计法》行为的会计人员打击报复,情节恶劣的,处(   )以下有期徒刑或拘役。

    A.3 年   B.5 年   C.7 年   D.10 年

30. 《总会计师条例》的制定机关为(   )。

    A.全国人民代表大会   B.国务院   C.财政部   D.地方人民政府

31. 记账凭证根据(   )不同分为收款凭证、付款凭证、转账凭证。

    A.填制程序和用途不同   B.反映经济业务内容不同

    C.来源不同   D.填列方式不同

32. 各单位的对账工作每年至少进行(   )。

    A.1 次   B.2   C.3 次   D.12 次

33. 当年形成的会计档案在会计年度终了后,可暂由本单位会计部门保管(   ),再转交档案管理部门保管。

    A.4 年   B.3 年   C.2 年   D.1 年

34. (   )以上地方各级人民政府财政部门管理本行政区域内的会计工作。

    A.省级   B.区级   C.市级   D.县级

35. (   )是主管本单位财务会计工作的行政领导。

    A.单位负责人   B.会计主管人员   C.总会计师   D.副总会计师

36. 不属于刑事责任中附加刑的是( )。
    A.罚金　　　B.没收财产　　　C.罚款　　　D.驱逐出境

37. 通过会计专业技术资格考试合格者,由省级( )颁发合格证书。
    A.财政部门　　B.人事部门　　　C.税务部门　　D.工商部门

38. 取得大学专科学历,从事会计工作满( )年,可以报考中级会计资格考试。
    A.5　　　　　B.4　　　　　　C.2　　　　　D.1

39. 社会监督的对象指的是( )。
    A.会计机构　　B.会计行为　　　C.受托单位的经济活动　　　D.会计资料

40. 会计工作交接完毕后,( )不需要在移交清册上签名盖章。
    A.移交人　　　B.接交人　　　C.监交人　　　D.总会计师

二、多项选择题

1. 我国会计法律制度分为会计法律、会计行政法规、会计规章、地方性会计法规和会计规范性文件五个层次。下列各项中属于会计行政法规的有( )。
    A.国务院发布的《总会计师条例》
    B.国务院发布的《企业财务会计报告条例》
    C.省级人大常委会发布的地方会计管理条例
    D.财政部发布的《财政部门实施会计监督办法》

2. 根据会计法律制度的规定,下列对会计法律与会计职业道德的区别的表述正确的是( )。
    A.会计法律制度通过国家机器强制执行,具有很强的他律性;社会职业道德主要依靠会计从业人员的自觉性,具有很强的自律性
    B.会计法律制度侧重于调整会计人员的外在行为,会计职业道德不仅要调整会计人员的外在行为,还要调整会计人员的精神世界
    C.会计法律制度有具体的、明确的、形成文字的成文规定,会计职业道德既有明确的成文规定,也有不成文规定
    D.会计法律制度由国家强制力保障实施;会计职业道德既有国家法律的相应要求,又需要会计人员的自觉遵守

3. 根据《会计法》的规定,企业的下列人员中,应当在对外提供的财务会计报告上签名并盖章的有( )。
    A.负责人　　　　　　　B.主管会计工作的负责人
    C.会计机构负责人　　　D.总会计师

4. 根据会计法律制度的规定,下列各项中,属于会计档案的有( )。
    A.信贷计划　　　　B.会计档案销毁清册
    C.辅助账　　　　　D.银行存款余额调节表

5. 根据会计法律制度的规定,下列各项中,属于会计档案定期保管期限的是( )。
    A.5 年　　　　B.10 年　　　　C.20 年　　　　D.25 年

6. 根据会计法律制度的规定,某企业的下列会计档案中,保管期限为15年的是( )。

    A.原始凭证   B.会计档案移交清册

    C.会计档案销毁清册   D.现金和银行存款日记账

7. 根据会计法律制度的规定,下列关于会计档案的表述中,符合规定的有( )。

    A.会计档案经本单位负责人批准后可以对外提供查询

    B.会计档案销毁须经单位负责人批准

    C.保管期满但未结清债权债务的原始凭证不得销毁

    D.正在项目建设期间的建设单位,其保管期满的会计档案不得销毁

8. 根据会计法律制度的规定,代理记账机构可以接受委托,代表委托人办理的业务主要有( )。

    A.根据委托人提供的原始凭证登记会计账簿

    B.根据委托人提供的原始凭证编制财务会计报告

    C.定期向有关部门提供财务会计报告

    D.定期向税务机关提供税务材料

9. 根据会计法律制度的规定、财务部门对各单位实施会计监督检查的内容包括( )。

    A.是否依法设置会计账簿

    B.会计凭证、会计账簿、财务会计报告和其他会计资料是否真实、完整

    C.会计核算是否符合《会计法》和国家统一的会计制度的规定

    D.从事会计工作的人员是否具备会计从业资格

10. 根据会计法律制度的规定,下列对总会计师的地位的论述,不正确的是( )。

    A.总会计师是一种专业技术职务

    B.总会计师是单位的会计机构负责人

    C.总会计师是单位行政领导成员

    D.总会计师是单位财务会计工作的主要负责人

11. 根据会计法律制度的规定,下列各项中属于会计专业技术职务的有( )。

    A.会计师   B.总会计师   C.高级会计师   D.注册会计师

12. 根据《会计法》的规定,下列各项中,出纳人员不得兼任的工作有( )。

    A.会计档案保管   B.收入费用账目登记

    C.固定资产卡片登记   D.债权债务账目登记

13. 根据《会计法》的规定,下列各项中,属于会计工作岗位的有( )。

    A.工资核算岗位   B.出纳岗位   C.成本核算岗位   D.单位内部审计岗位

14. 根据会计法律制度的规定,下列关于会计人员工资交接的表述中,正确的是( )。

    A.会计人员在办理交接之前已经受理的经济业务尚未填制会计凭证的,应当填制完毕

    B.会计人员在办理交接之前尚未登记的账目,应该登记完毕,结出余额,并在最后一笔余额后加盖经办人员印章

    C.会计人员在办理交接之前需整理应该移交的各项资料,对未了事项和遗留问题写出书面说明材料

D.接替人员应该继续使用移交前的账簿,不得擅自另立账簿

15. 根据会计法律制度的规定,下列有关办理会计移交手续的表述中,正确的有(　　)。

A.会计主管人员办理交接手续,由本单位负责人监交

B.经单位领导人批准,委托他人代办移交的,委托人仍应承担相应责任

C.因病不能工作的会计人员恢复工作的,也应当与接替人员办理交接手续

D.接替人员不对移交过来的会计资料的真实性完整性负法律上的责任

16. 根据会计法律制度的规定,会计人员调动时应当办理交接手续。下列关于会计人员交接的表述,正确的有(　　)。

A.会计主管人员办理交接手续时,主管单位应当派人会同单位负责人共同监督交接

B.会计人员在办理移交手续前,已经受理的经济业务尚未填制会计凭证的,应该填制完毕

C.移交人员和接替人员对所移交会计资料的合法性、真实性共同承担法律责任

D.接替人员应当继续使用移交的会计账簿,不得自行另立新账

17. 小王是某事业单位的会计,因故即将调离,小王办理移交手续的下列行为中,符合会计法律制度规定的有(　　)。

A.将尚未登记的账目登记完毕,并在最后一笔余额后加盖了本人的印章

B.将本人保管或掌握的本单位的会计软件及密码、会计软件数据磁盘及有关资料、实物等内容在移交清册中列明

C.对刚刚受理且尚未填制会计凭证的一笔经济业务,作为未了事项在相关书面材料中进行了说明

D.将应当移交的会计凭证、会计账簿、会计报表、印章、现金、有价证券、支票簿、发票、文件、其他会计资料和物品等内容在移交清册中列明

18. 会计师事务所依法承办以下审计业务(　　)。

A.审查企业会计报表,出具审计报告

B.验证企业资本,出具验资报告

C.办理企业合并分立清算事宜中的审计业务,出具有关的报告

D.制作涉税文书

19. 单位的(　　)和其他重要经济业务事项的决策和执行的相互监督、相互制约程序应当明确。

A.重大对外投资　　　B.资产处置　　　C.资金调度　　　D.财产清查

20. 会计从业资格证书的管理包括(　　)。

A.上岗注册登记　　　B.离岗备案登记　　　C.调转登记　　　D.变更登记

21. 法律责任主要规定了两种责任形式:一是行政责任,二是刑事责任。以下属于行政责任范畴的有(　　)。

A.罚金　　　　　　　B.没收财产　　　　　C.没收违法所得　　D.罚款

三、判断题

1. 变造会计凭证的行为,是指用涂改、挖补等方法改变会计凭证真实内容的行为。(　　)

2. 某外商投资企业的业务收支以美元为主,该企业可以以美元作为记账本位币,但其编报的财务会计报告应当折算为人民币。　　　　　　　　　　　　　　　　(　　)

3. 会计人员对不真实、不合法的原始凭证有权不予受理。　　　　　　　　(　　)

4. 原始凭证金额有错误的,应由出具单位重开或更正,更正处应当加盖出具单位印章。
　　　　　　　　　　　　　　　　　　　　　　　　　　　　　　(　　)

5. 一张原始凭证所列的支出需要由两个以上的单位共同负担时,应当由保存该原始凭证的单位将复印件提供给其他应负担的单位。　　　　　　　　　　　　　　(　　)

6. 正在项目建设期间的建设单位,其保管期满的会计档案不得销毁。　　　(　　)

7. 内部会计监督的对象是各单位会计机构和会计人员的违法行为。　　　　(　　)

8. 会计人员发现会计账簿记录与实物、款项及有关资料不相符的,应当立即向单位负责人报告,请求查明原因,作出处理。　　　　　　　　　　　　　　　　　(　　)

9. 任何单位和个人对违反《会计法》和国家统一的会计制度规定的行为,有权进行检举。
　　　　　　　　　　　　　　　　　　　　　　　　　　　　　　(　　)

10. 会计责任与审计责任不能相互替代、减轻或免除。　　　　　　　　　(　　)

11. 担任单位会计机构负责人(会计主管人员)的,除取得会计从业资格证书外,还应当具备会计师以上专业技术职务资格或者从事会计工作两年以上经历。　　　(　　)

12. 单位负责人的直系亲属不得担任本单位的会计机构负责人。　　　　　(　　)

13. 在会计工作交接中,接替人员在交接时因疏忽没有发现所接收的会计资料在真实性、完整性方面存在的问题,如事后发现了问题,则应由接替人员承担相应的法律责任。
　　　　　　　　　　　　　　　　　　　　　　　　　　　　　　(　　)

14. 对于会计档案管理岗位,在会计档案正式移交之前,属于会计岗位,正式移交档案管理部门之后,不再属于会计岗位。　　　　　　　　　　　　　　　　(　　)

15. 国有大、中型企业(包括国有资产占控股地位或主导地位的大、中型企业)必须设置总会计师。凡是设置总会计师的单位,可以再设置与总会计师职责重叠的行政副职。(　　)

16. 会计专业技术资格分为初级资格、中级资格和高级资格。　　　　　　(　　)

17. 代理记账机构为委托人编制的财务会计报告,经代理记账机构负责人或委托人签名并盖章后,方可对外提供。　　　　　　　　　　　　　　　　　　　(　　)

18. 会计人员工作交接是指会计人员工作调动、离职、出差或因病暂时不能工作,应与接管人员办理交接手续的一种工作程序。　　　　　　　　　　　　　　(　　)

19. 损益表是反映企业在某一特定日期的财务状况的会计报表。　　　　　(　　)

20. 法律责任主要规定了两种责任形式:一是行政责任,二是刑事责任。其中罚金属于行政责任范畴。　　　　　　　　　　　　　　　　　　　　　　　(　　)

第二章 《支付结算法律制度》习题演练

一、单项选择题

1. 根据我国《支付结算办法》的规定,下列项目不属于票据和结算凭证上不得更改的项目是( )。

　　A.金额　　　　　B.出票日期　　　　C.收款人名称　　　D.付款人名称

2. 根据票据法规定,票据的出票日期必须使用中文大写,如2月15日应写成( )。

　　A.贰月拾伍日　　B.零贰月拾伍日　　C.零贰月壹拾伍日　　D.零贰月零拾伍日

3. 根据《人民币银行结算账户管理办法》的规定,存款人开立单位银行结算账户,自正式开立之日起( )个工作日后,方可使用该账户办理付款业务。

　　A.3　　　　　　　B.5　　　　　　　C.7　　　　　　　D.10

4. 根据《结算账户管理办法》的规定,下列各项中,不属于一般存款账户使用范围的是( )。

　　A.办理借款转存　　B.办理借款归还　　　C.办理现金缴存　　　D.办理现金支取

5. 根据《银行账户管理办法》的规定,企业支取现金用于工资、奖金发放,只能通过规定的银行账户办理,该银行账户是( )。

　　A.一般存款账户　　B.基本存款账户　　　C.临时存款账户　　　D.专用存款账户

6. 根据支付结算法律制度的规定,临时存款账户的有效期最长不得超过( )。

　　A.1 年　　　　　B.2 年　　　　　　C.3 年　　　　　　D.5 年

7. 根据《银行卡业务管理办法》的规定,下列不属于借记卡的是( )。

　　A.信用卡　　　　B.专用卡　　　　C.转账卡　　　　D.储值卡

8. 牛某使用银行卡支付宾馆住宿费 5000 元。根据银行卡业务管理规定,银行办理该银行卡收单业务收取的结算手续费应不得低于( )元。

　　A.40　　　　　　B.100　　　　　　C.200　　　　　　D.400

9. 贷记卡持卡人非现金交易享受免息还款期,免息还款期最长为( )。

　　A.20 天　　　　　B.30 天　　　　　C.50 天　　　　　D.60 天

10. 根据《支付结算办法》的规定,汇款人委托银行将其款项支付给收款人的结算方式是( )。

　　A.汇兑　　　　　B.信用证　　　　C.托收承付　　　D.委托收款

11. 托收承付结算制度中,验货付款的承付期为( ),从运输部门向付款人发出提货通知的次日算起。

　　A.10 天　　　　B.3 天　　　　　C.15 天　　　　　D.1 年

12. 根据票据法律制度的规定,下列各项中,不属于票据基本当事人的是( )。

　　A.出票人　　　　B.收款人　　　　C.付款人　　　　D.保证人

13. 接受汇票出票人的付款委托同意承担支付票款义务的人,是指(　　)。

    A.被背书人　　　　B.背书人　　　　C.承兑人　　　　D.保证人

14. 下列各项中,属于出票行为的有(　　)。

    A.出票人签发票据并将其交付给收款人的行为

    B.持票人在票据背面记载有关事项并签章的行为

    C.汇票付款人承诺在汇票到期日支付汇票金额并签章的行为

    D.票据债务人以外的人为担保特定债务人履行票据债务,而在票据上记载有关事项并签章的行为

15. 乙公司向丙公司出售商品,收到丙公司开来的商业汇票,乙公司出纳不慎将该商业汇票丢失,则乙公司可以采取的补救措施是(　　)。

    A.普通诉讼　　　　　　　　　B.注销银行账号

    C.变更工商登记　　　　　　　D.变更开户银行

16. 根据《票据法》的规定,关于支票的说法正确的是(　　)。

    A.支票的收款人可以由出票人授权补记

    B.支票不可以背书转让

    C.支票的提示付款期限为出票日起1个月

    D.持票人提示付款时,支票的出票人账户金额不足的,银行应先向持票人支付票款

17. 下列关于商业汇票说法中,正确的是(　　)。

    A.商业汇票的绝对付款人为承兑人

    B 根据承兑人不同划分,汇票分为商业汇票和银行汇票

    C.商业汇票提示付款期限为自汇票到期日起1个月内

    D.商业汇票的付款期限,最长不得超过3个月

18. 根据《票据法》的规定,下列各项中,属于无需提示承兑的汇票是(　　)。

    A.见票后定期付款的汇票　　　　B.见票即付的汇票

    C.定日付款的汇票　　　　　　　D.出票后定期付款的汇票

19. 下列各项中,对于屡次签发空头支票的单位,说法正确的是(　　)。

    A.处以票面金额10%但不低于1000元的罚款

    B.处以票面金额3%但不低于1000元的罚款

    C.处以票面金额5%但不高于1000元的罚款

    D.银行停止为其办理支票或全部支付结算业务

20. 无权限假冒他人或虚构他人名义签章的行为属于(　　)。

    A.伪造　　　　　　B.变造　　　　　　C.挖补　　　　　　D.覆盖

21. 票据的出票日期必须使用(　　)。

    A.外文　　　　　　B.中文大写　　　　C.少数民族文字　　　D.阿拉伯数字

22. 边远地区和交通不发达地区的开户单位的库存现金限额是(　　)的零星开支。

    A.3~5 天　　　　B.5~15 天　　　　C.3~10 天　　　　D.3~15 天

23. 单位从其银行结算账户支付给个人银行结算账户的款项,且每笔超过(　　)元的,

应当向其开户银行提供付款依据。

    A.3 万元   B.4 万元   C.5 万元   D.2 万元

24. 存款人的法定代表人或主要负责人,存款人的地址以及其他开户资料的变更事项未在规定期限内通知银行的,给予警告并处以(　　)元的罚款。

    A.100   B.1000   C.2000   D.3000

25. 一般来讲,(　　)在票据上的签章不符合法律规定的,票据无效。

    A.出票人   B.背书人   C.承兑人   D.保证人

26. 失票人应当在通知挂失止付后的(　　)日内,也可以在票据丧失后,依法向人民法院申请公示催告或提起诉讼。

    A.10   B.5   C.3   D.2

27. 根据规定,支票上未记载付款地的,(　　)为付款地。

    A.出票人的营业场所   B.出票人的住所

    C.出票人的经常居住地   D.付款人的营业场所

28. 商业汇票的付款期限,最长不得超过(　　)个月。

    A.3   B.1   C.2   D.6

29. 在单位卡的使用过程中,其账户的资金一律从(　　)账户转账存入,不得交存现金,不得将销货收入的款项存入其账户。

    A.基本存款   B.一般存款   C.临时存款   D 专用存款

30. 准记卡的透支期限最长为(　　)天。首月最低还款额不得低于其当月透支余额的(　　)。

    A.60,10%   B.30,5%   C.30,10%   D.60,5%

31. 汇入银行对于向收款人发出取款通知,经过(　　)无法交付的汇款,应当主动办理退汇。

    A.4 个月   B.3 个月   C.2 个月   D.1 个月

32. 根据规定,不属于支票绝对应记载事项的是(　　)。

    A.无条件支付的委托   B.付款人名称   C.出票地   D.出票日期

33. 银行汇票的提示付款期限是(　　)。

    A.自出票日起 1 个月   B.自出票日起 2 个月

    C.自出票日起 10 日   D.自出票日起 6 个月

34. 信用卡分为贷记卡和准贷记卡,是根据(　　)划分的。

    A.是否向发卡银行交存备用金不同   B.使用对象不同

    C.信息载体不同   D.币种不同

35. 单位、银行在票据上的签章和单位在结算凭证上的签章,为(　　)。

    A.单位、银行的盖章

    B.法定代表人的签名或盖章

    C.授权的代理人的签名或盖章

    D 单位、银行的盖章加其法定代表人或其授权的代理人的签名或盖章

36. 以下写法正确的是,1409.50( )。

　　A 一千四百零九元五角　　　　　　B.人民币壹仟肆佰零玖圆伍角整

　　C.壹仟肆佰零玖圆伍角　　　　　　D 人民币壹仟肆佰零玖圆伍分

37. 不属于备案类账户的是( )。

　　A.一般存款账户　　　　　　　　　B.QFII 专用存款账户

　　C.个人银行结算账户　　　　　　　D.单位银行卡

38. 根据银行卡业务管理办法的规定,信用卡持卡人的透支发生额不能超过一定的限度。下列有关信用卡透支额的表述中,正确的是( )。

　　A.单位卡的同一账户透支余额不得超过发卡银行对其综合授信额度的5%

　　B.单位卡的同一持卡人单笔透支发生额不得超过 4 万元(含等值外币)

　　C.个人卡的同一账户月透支余额不得超过 6 万元(含等值外币)

　　D.个人卡的同一持卡人单笔透支发生额不得超过 2 万元(含等值外币)

39. 根据票据法律制度的规定,以下票据背书的示意图中,背书不正确的是( )。

　　A.

被背书人:乙公司	被背书人:丙公司	被背书人:丁公司	被背书人:丁公司开户银行
甲公司签章	乙公司签章	丙公司签章	丁公司签章　　委托收款

　　B.

被背书人:乙公司	被背书人:丙公司	被背书人:戊公司	被背书人:戊公司开户银行
甲公司签章	乙公司签章	丁公司签章	戊公司签章　　委托收款

　　C.

被背书人:乙公司	被背书人:丙公司	被背书人:P 银行	被背书人:P 银行
甲公司签章	乙公司签章	丙公司签章(贴现)	P 银行签章　　委托收款

　　D.

被背书人:乙公司	被背书人:P 银行	被背书人:丙公司	被背书人:丙公司开户银行
甲公司签章	乙公司签章　　质押	乙公司签章	丙公司签章　　委托收款

40. 票据权利是指票据持票人向票据债务人请求支付票据金额的权利,以下属于票据第一顺序权利的是( )。

　　A.出票　　　　　B.付款　　　　　C.付款请求权　　　　　D.追索权

二、多项选择题

1. 下列各项中,属于办理支付结算应遵循的原则有(　　)。
   A.恪守信用,履约付款原则　　　　B.谁的钱进谁的账,由谁支配原则
   C.银行不垫款原则　　　　　　　　D.礼貌原则

2. 根据人民币银行结算账户管理的有关规定,存款人申请开立的下列人民币银行结算账户中,应当报送中国人民银行当地分支行核准的有(　　)。
   A.预算单位专用存款账户　　　　　B.临时存款账户
   C.个人存款账户　　　　　　　　　D.一般存款账户

3. 下列各项中,可以办理现金支取的账户有(　　)。
   A.一般存款账户　　B.临时存款账户　　C.基本存款账户　　D.专用存款账户

4. 根据《人民币银行结算账户管理办法》的规定,下列款项中,可以转入个人银行结算账户的是(　　)。
   A.稿费收入　　　B.个人产权转让收益　　C.证券交易结算资金　　D.保险理赔

5. 根据规定,签发汇兑凭证必须记载的事项有(　　)。
   A.无条件支付的委托　　B.付款人名称　　C.委托日期　　　　D.汇款人签章

6. 根据《支付结算办法》的规定,下列支付结算的种类中,没有金额起点限制的有(　　)。
   A.委托收款　　　　B.支票　　　　　　C.托收承付　　　　D.汇兑

7. 下列各项中,属于我国《票据法》调整的有(　　)。
   A.股票　　　　　　B.支票　　　　　　C.汇票　　　　　　D.本票

8. 根据《票据法》规定,下列各项中,属于票据行为的有(　　)。
   A.出票　　　　　　B.背书　　　　　　C.承兑　　　　　　D.提示付款

9. 票据丧失是指票据因灭失、遗失、被盗等原因而使票据权利人脱离其对票据的占有。票据丧失后可以采取(　　)形式进行补救。
   A.作废　　　　　　B.公示催告　　　　C.普通诉讼　　　　D.挂失止付

10. 关于汇票的提示付款期限,下列说法中正确的有(　　)。
    A.见票即付的汇票无需提示付款
    B.见票即付的汇票,自出票日起1个月内向付款人提示付款
    C.定日付款的汇票,自到期日起10日内向承兑人提示付款
    D.见票后定期付款的汇票,自到期日起10日内向承兑人提示付款

11. 根据《中华人民共和国票据法》的规定,支票的(　　)可以由出票人授权补记。未补记前,不得背书转让和提示付款。
    A.支票金额　　　B.出票日期　　　　C.付款人名称　　　　D.收款人名称

12. 下列各项中,属于违反支付结算规定的行为有(　　)。
    A.银行对到期的票据故意压票、拖延支付的
    B.出票人签发无资金保证的汇票、本票
    C.单位签发空头支票

D.出租、出借银行结算账户

13. 支付结算的工具有( )。

    A.汇票、本票和支票   B 银行卡   C.汇兑   D.委托收款和托收承付

14. 开户单位可以在下列范围内使用现金( )。

    A.职工工资和津贴   B.出差人员随身携带的差旅费

    C.结算金额 2000 元以上的购货款   D.向个人收购农副产品和其他物资的价款

15. 银行结算账户的特点是( )。

    A.办理人民币业务   B.办理资金收付结算业务

    C.银行不垫款原则   D.活期存款账户

16. 单位银行结算账户按照用途不同,可以分为( )。

    A.基本存款账户   B.一般存款账户

    C.临时存款账户   D.专用存款账户

17. 票据当事人分为基本当事人和非基本当事人,以下不属于基本当事人的有( )。

    A.出票人   B.背书人   C.承兑人   D.被背书人

18. 根据规定,下列说法正确的有( )。

    A.票据的出票日期、收款人名称、金额均不得更改

    B.票据权利包括付款请求权和追索权

    C.填明"现金"字样的银行汇票和银行本票、商业汇票、支票均可以挂失止付

    D.支票分为现金支票、转账支票、普通支票、画线支票,其中画线支票只能支取现金

19. 根据规定,下列说法正确的有( )。

    A.银行本票的基本当事人有出票人、付款人和收款人

    B.汇票根据出票人不同分为商业承兑汇票和银行汇票

    C.支票的收款人名称和金额可以由出票人授权补记,未补记前不得背书转让

    D.签发空头支票时,银行可以对其处以票面金额 5%但不低于 1000 元的罚款,持票
      人可以要求其赔偿票面金额 2%的赔偿金

20. 根据规定,下列不得支取现金的账户有( )。

    A.财政预算外资金专用存款账户   B.期货交易保证金专用存款账户

    C.一般存款账户   D.社会保障基金和住房基金

三、判断题

1. 单位人民币卡账户的资金一律从其基本存款账户转账存入,不得存取现金,不得将销货收入存入单位卡账户。   ( )

2. 个人遗失或更换预留个人印章或更换签字人时,应向开户银行出具经签名确认的书面申请,以及原预留印章或签字人的个人身份证件。   ( )

3. 甲公司向乙公司开具一张经 A 银行承兑的银行承兑汇票,乙公司持有到期后在法定期限内向银行提示付款,此时甲公司在 A 银行账户中的资金不足以支付票据款,本着办理支付结算业务中"银行不垫款"的原则,A 银行有权拒绝向乙公司支付票据款。 ( )

4. 票据和结算凭证的金额必须以中文大写和阿拉伯数字同时记载,二者必须一致,否则以中文大写为准。 ( )

5. 存款人只能在注册地开立一个基本存款账户,不得异地开立银行结算账户。 ( )

6. 单位人民币卡销户时,其账户资金可以转入其基本存款账户,也可以提取现金。 ( )

7. 汇入银行对于向收款人发出取款通知,经过 1 个月无法交付的汇款,应主动办理退汇。 ( )

8. 法人和其他单位在票据和结算凭证上的签章,为该法人或单位的公章或财务专用章,加上其法定代表人或者其授权的代理人的签名或盖章。 ( )

9. 变更票据上金额的,属于票据的伪造,不属于票据的变造。 ( )

10. 挂失止付并不是票据丢失后采取的必经措施,而仅是一种暂时的预防措施。 ( )

11. 银行汇票不可以转账,但填明"现金"字样的银行汇票也可以支取现金。 ( )

12. 支票的出票人签发支票的金额不得超过付款时在付款人处实有的存款金额。 ( )

13. 在普通支票左上角划两条平行线的,为画线支票,画线支票只能用于支取现金,不能用于转账。 ( )

14. 支票是一种见票即付的票据,自出票日起 10 日内提示付款。 ( )

15. 银行应对已开立的单位银行结算账户实行年检制度。 ( )

16. 背书人在票据上的签章不符合法律规定的,票据无效。 ( )

17. 只有商业汇票才需要承兑,承兑人则为付款人。 ( )

18. 保证人为 2 人以上的,保证人之间承担连带责任。 ( )

19. 收账通知不能作为确认对方单位收款的依据。 ( )

20. 以下为某银行转账支票背面背书签章的示意图。该转账支票背书连续,背书有效。 ( )

被背书人:甲公司	被背书人:乙公司	被背书人:丙公司
A 公司财务专用章　　张三印章	甲公司财务专用章　　李四印章	乙公司财务专用章　　王五印章

第三章 《税收法律制度》习题演练

一、单项选择题

1. 下列税种中,不属于流转税的是(   )。
   A.增值税　　　　　B.消费税　　　　　C.关税　　　　　D.土地增值税

2. 根据购进固定资产的进项税额是否可以扣除,将增值税划分为不同类型。2009年1月1日起,我国增值税实行(   )。
   A.消费型增值税　　B.收入型增值税　　C.生产型增值税　　D.消耗型增值税

3. 对于税收法律关系纳税主体的确定,我国采取(   )。
   A.国籍原则　　　　B.属地原则　　　　C.属人原则　　　　D.属地兼属人原则

4. 根据增值税法律制度的规定,以下单位或者个人中,不属于增值税纳税人的是(   )。
   A.进口固定资产设备的企业　　　　B.销售商品房的公司
   C.零售杂货的个体户　　　　　　　D.生产销售家用电器的公司

5. 某从事商品零售的小规模纳税人,2009年9月份销售商品取得含税收入10300元,当月该企业应纳的增值税是(   )元。
   A.1496.58　　　　B.1751　　　　　C.309　　　　　D.300

6. 根据《增值税暂行条例》的规定,采取预收货款方式销售货物,增值税纳税义务的发生时间是(   )。
   A.销售方收到第一笔货款的当天　　B.销售方收到剩余货款的当天
   C.销售方发出货物的当天　　　　　D.购买方收到货物的当天

7. 企业发生的下列行为中,按规定允许开具增值税专用发票的是(   )。
   A.商业企业零售烟酒　　　　　　　B.小规模纳税人销售货物
   C.销售免税的货物　　　　　　　　D.服装厂向商场销售服装

8. 根据消费税法律制度的规定,对部分应税消费品实行从量定额和从价定率相结合的复合计税办法。下列各项中,实行复合计税的消费品有(   )。
   A.烟丝　　　　　　B.雪茄烟　　　　　C.粮食白酒　　　　D.高档手表

9. 根据税法的规定,下列不准予从销项税额中抵扣的进项税额是(   )。
   A.从销售方取得的增值税专用发票上注明的增值税额
   B.从海关取得的海关进口增值税专用缴款书上注明的增值税额
   C.运输费用结算单据金额7%的扣除率
   D.普通发票上注明的金额

10. 税收按照税收征管权限和收入支配权限分类,可分为中央税、地方税和中央地方共享税,其中属于中央税的是(   )。
    A.增值税　　　　　B.消费税　　　　　C.营业税　　　　　D.资源税

11. 根据消费税法律制度规定,下列各项中,符合消费税纳税义务发生时间规定的是( )。

    A.进口的应税消费品,为取得进口货物的当天

    B.自产自用的应税消费品,为移送使用的当天

    C.委托加工的应税消费品,为支付加工费的当天

    D.采取预收货款结算方式的,为收到预收款的当天

12. 某卷烟厂为增值税一般纳税人,其消费税以一个月为一期缴纳,其申报纳税的期限为自期满之日起( )。

    A.10 日内   B.5 日内   C.15 日内   D.30 日内

13. 下列经营者中,属于营业税纳税人的是( )。

    A.从事汽车修配业的个人

    B.销售货物并负责运输所售货物的单位

    C.从事缝纫业务的个体户

    D.销售商品房的房地产公司

14. 下列有关纳税地点说法不正确的是( )。

    A.纳税人销售不动产,应当向不动产所在地主管税务机关申报纳税

    B.纳税人提供应税劳务,应当向应税劳务发生地的主管税务机关申报纳税

    C.纳税人转让土地使用权,应当向土地所在地主管税务机关申报纳税

    D.单位和个人出租土地使用权、不动产的营业税纳税地点为机构所在地

15. 中国公民小李的下列劳务中,应缴纳营业税的是( )。

    A.为其任职的单位提供的劳务   B.在当地一家医院做义工

    C.自行组织的舞蹈培训班收入   D.参加农村义务表演

16. 下列行业中,按照 3%的税率征收营业税的有( )。

    A.交通运输业   B.广告代理业   C.卡拉 OK 舞厅   D.金融保险业

17. 城建税采用的税率形式是( )。

    A.比例税率   B.定额税率   C.超额累进税率   D.超率累进税率

18. 某企业 2009 年 2 月份缴纳了增值税 18 万元,消费税 20 万元,所得税 12 万元,营业税 10 万元。如果按 5%的城市维护建设税税率计算,该企业应缴纳的城市维护建设税是( )万元。

    A.3.1   B.2.5   C.2.4   D.2.1

19. 根据企业所得税法律制度的规定,下列各项中,不属于企业所得税纳税人的是( )。

    A.国有企业   B.外商投资企业   C.个人独资企业和合伙企业   D.股份制企业

20. 根据企业所得税法律制度的规定,国家需要重点扶持的高新技术企业,给予企业所得税税率优惠。优惠税率为( )。

    A.10%   B.15%   C.20%   D.25%

21. 下列各项中,准予在企业所得税税前扣除的有( )。

    A.增值税   B.税收滞纳金   C.赞助支出   D.销售成本

22. 根据《企业所得税法》的规定,企业发生的公益性捐赠支出,在计算企业所得税应纳税所得额时的扣除标准是(　　)。

    A.全额扣除

    B.在年度利润总额 12%以内的部分扣除

    C.在年度应纳税所得额 30%以内的部分扣除

    D.在年度应纳税所得额 12%以内的部分扣除

23. 我国某企业 2009 年度实现收入总额 460 万元,与之相应的扣除项目金额共计 438 万元,经税务机关核定 2008 年度的亏损额为 20 万元。该企业 2009 年度应缴纳的企业所得税为(　　)。

    A.5000 元   B.6600 元   C.12500 元   D.16500 元

24. 某符合条件的小型微利企业经主管税务机关核定,2008 年度亏损 25 万元,2009 年度盈利 30 万元。该企业 2009 年度应缴纳的企业所得税为(　　)万元。

    A.1   B.1.25   C.7   D.8.75

25. 根据《企业所得税法》的规定,下列收入中可以免征企业所得税的是(　　)。

    A.符合条件的居民企业之间的投资收益   B.租金收入

    C.汇兑收益   D.接受捐赠收入

26. 现行《企业所得税法》规定,企业应当自年度终了之日起(　　),向税务机关报送年度企业所得税申报表,并汇算清缴税款。

    A.15 日内   B.60 日内   C.4 个月内   D.5 个月内

27. 根据《企业所得税法》的规定,企业所得税的征收办法是(　　)。

    A.按月征收   B.按季计征,分月预缴

    C.按季征收   D.按年计征,分月或分季预缴

28. 根据《税收征收管理法》的规定,从事生产、经营的企业向税务机关申报办理税务登记的时间是(　　)。

    A.自领取营业执照之日起 15 日内   B.自领取营业执照之日起 30 日内

    C.自申请营业执照之日起 45 日内   D.自申请营业执照之日起 60 日内

29. (　　)是征税的目的物,也是缴纳税款的客体,它是区别不同税种的主要标志。

    A.征税对象   B.税率   C.税目   D.计税依据

30. 除另有规定外,账簿、记账凭证等以及其他有关涉税资料应当保存的期限为(　　)。

    A.5 年   B.3 年   C.10 年   D.15 年

31. 对于财务会计制度健全,能够如实核算和提供生产经营情况,并能正确计算应纳税款和如实履行纳税义务的纳税人。税务机关应当对其采用的税款征收方式是(　　)。

    A.定期定额征收   B.查验征收   C.查账征收   D.查定征收

32. 根据《税收征收管理法》的规定,纳税人未按规定期限缴纳税款的,税务机关除责令其限期缴纳外,从滞纳税款之日起,按日加收滞纳金,该滞纳金的比例是滞纳税款的(　　)。

    A.万分之一   B.万分之五   C.千分之一   D.千分之二

33. 根据税收征收管理法律制度的规定,经县以上税务局(分局)局长批准,税务机关可

以依法对纳税人采取税收保全措施。下列各项中,不属于税收保全措施的是(　　)。

    A.责令纳税人暂时停业,直至缴足税款

    B.扣押纳税人的价值相当于应纳税款的商品

    C.查封纳税人的价值相当于应纳税款的货物

    D.书面通知纳税人开户银行冻结纳税人的金额相当于应纳税款的存款

34. 个人所得税中的稿酬所得,适用比列税率为20%,实际减按(　　)征收。

    A.20%　　　　　　B.14%　　　　　　C.10%　　　　　　D.25%

35. 已开具的发票存根联和发票登记簿应当保存(　　)年。

    A.3　　　　　　　B.5　　　　　　　C.10　　　　　　　D.永久

36. 纳税人被工商行政管理机关吊销营业执照的,应当自营业执照被吊销之日起(　　)日内,向原税务登记机关申报办理注销税务登记。

    A.5　　　　　　　B.10　　　　　　C.30　　　　　　　D.15

37. 企业某一纳税年度发生的亏损可以用下一年度的所得弥补,下一年度的所得不足以弥补的,可以逐年延续弥补,但最长不得超过(　　)年。

    A.2　　　　　　　B.3　　　　　　　C.4　　　　　　　　D.5

38. (　　)是计算税额的尺度,也是衡量税负轻重与否的重要标志。

    A 税目　　　　　　B.税率　　　　　　C.征税对象　　　　D.计税依据

39. 根据政府采购法的规定,对于具有特殊性,只能从有限范围的供应商采购的货物,其适用的政府采购方式是(　　)。

    A.公开招标方式　　B.邀请招标方式　　C.竞争性谈判方式　　D.单一来源方式

40. 会计法律制度是会计职业道德的(　　)。

    A.最高要求　　　　B.较高要求　　　　C.一般要求　　　　　D.最低要求

二、多项选择题

1. 按照现行规定,下列各项中被认定为小规模纳税人的是(　　)。

    A.年不含税销售额在50万元以上,从事货物生产的纳税人

    B.年不含税销售额在80万元以上,从事货物批发的纳税人

    C.年不含税销售额在80万元以下,从事货物零售的纳税人

    D.年不含税销售额在20万元以下,从事货物生产的纳税人

2. 纳税人销售或进口下列货物,适用增值税税率13%的有(　　)。

    A.图书、报纸、杂志　　　　B.粮食、食用植物油

    C.煤气　　　　　　　　　　D.饲料

3. 增值税的计税依据销售额中,价外费用不包含的项目有(　　)。

    A.包装物租金　　　　　　　B.委托加工应税消费品代收代缴的消费税

    C.增值税款　　　　　　　　D.包装费、装卸费

4. 根据《消费税暂行条例》的规定,下列各项中,不应征收消费税的有(　　)。

    A.某企业生产木制一次性筷子销售　　B.价格1万元以下的手表

    C.日化企业生产的护肤品　　　　　　D.商业企业销售的汽车轮胎

5. 消费税的税率形式有( )。

    A.从价定率   B.复合计税   C.幅度比例税率   D.从量定额

6. 根据消费税法律制度的规定,纳税人用于( )的应税消费品,应当以纳税人同类应税消费品的最高销售价格作为计税依据计算征收消费税。

    A.换取生产资料   B.换取消费资料   C.投资入股   D.抵偿债务

7. 根据我国《消费税暂行条例》的规定,下列各项中,不符合消费税纳税地点规定的有( )。

    A.委托个人加工的应税消费品,由委托方向其机构所在地或居住地主管税务机关申报缴纳

    B.进口的应税消费品,由进口人或其代理人向报关地海关申报缴纳

    C.纳税人的总机构与分支机构不在同一县(市)的,分支机构应回总机构申报缴纳

    D.纳税人到外县(市)销售自产应税消费品的,应回纳税人核算地或所在地申报缴销

8. 下列项目中,可按20%计征营业税的有( )。

    A.演唱会收入   B.跑马场收入   C.卡拉OK收入   D.射击场收入

9. 关于营业税的纳税期限,正确的阐述有( )。

    A.营业税的纳税期分别为1日、3日、5日、10日、15日、一个月或者一个季度

    B.纳税人以一个月或一个季度为一期纳税的,自期满之日起15日内申报纳税

    C.以5日、10日或者15日为一期纳税的,自期满之日起5日内预缴税款,于次月1日起15日内申报纳税并结清上月应纳税款

    D.纳税人的具体纳税期限,由主管税务机关根据应纳税额的大小分别核定,不能按照固定期限纳税的,可以按次纳税

10. 根据企业所得税法律制度的规定,下列各项中,属于不征税收入的有( )。

    A.财政拨款   B.纳入财政管理的行政事业性收费

    C.纳入财政管理的政府性基金   D.债务重组收入

11. 下列关于企业所得税免税收入的陈述中,正确的是( )。

    A.国债利息收入属于免税收入

    B.财政拨款收入属于免税收入

    C.符合条件居民企业之间的股息、红利等权益性投资收益属于免税收入

    D.符合条件的非营利组织的收入属于免税收入

12. 根据个人所得税法律制度的规定,可以将个人所得税的纳税义务人区分为居民纳税义务人和非居民纳税义务人,依据的标准有( )。

    A.境内有无住所   B.境内工作时间   C.取得收入的工作地   D.境内居住时间

13. 下列各项中,应当按照工资、薪金所得项目征收个人所得税的有( )。

    A.劳动分红   B.独生子女补贴

    C.差旅费津贴   D.超过规定标准的误餐费

14. 下列各项中,适用超额累进税率计征个人所得税的有( )。

    A.个体工商户的生产经营所得   B.工资、薪金所得

C.对企事业单位的承包经营所得　　　　D.财产转让所得

15.下列个人所得,在计算个人所得税时,不得减除费用的有(　　)。

A.工资薪金所得　　　　　　　　B.利息、股息、红利所得

C.特许权使用费所得　　　　　　D.偶然所得

16.个人所得税纳税义务人,应当按照规定到主管税务机关办理纳税申报的情形有(　　)。

A.年所得12万元以上　　　　B.从中国境内两处或者两处以上取得工资、薪金所得

C.从中国境外取得所得　　　　D.取得应纳税所得,没有扣缴义务人

17.根据税收征收管理法律制度的规定,纳税人发生的下列情形中,应办理税务注销登记的有(　　)。

A.纳税人破产　　　　　　　　B.纳税人解散

C.纳税人变更经营场所　　　　D.纳税人暂停经营活动

18.下列缴纳税款的方式中,符合法律规定的有(　　)。

A.代扣代缴　　　　B.代收代缴　　　　C.委托代征　　　　D.邮寄申报纳税

19.下列项目中,属于纳税申报方式的有(　　)。

A.直接申报　　　　B.简并征期　　　　C.邮寄申报　　　　D.数据电文

20.下列属于国家预算构成的有(　　)。

A.中央预算　　　　B.地方预算　　　　C.总预算　　　　D.部门单位预算

三、判断题

1.根据现行增值税法律制度的有关规定,一般纳税人取得防伪税控系统开具的专用发票,必须自该专用发票开具之日起180日内到税务机关认证,并在通过认证的次月申报抵扣。　　(　　)

2.增值税一般纳税人购进农产品,可以按照农产品收购发票或者销售发票上注明的农产品买价和10%的扣除率计算的进项税额。　　(　　)

3.甲未按规定向乙支付货款,乙企业按合同规定向甲收取违约金,由于违约金是在销售实现后收取的,故不应征增值税。　　(　　)

4.纳税人委托其他纳税人代销货物的,其增值税纳税义务的发生时间为发出代销货物的当天。　　(　　)

5.根据《消费税暂行条例》规定,纳税人将委托加工的应税消费品收回后用于连续生产应税消费品不缴纳消费税。　　(　　)

6.消费税规定的应税消费品均属于货物,缴纳增值税时也要缴纳消费税。　　(　　)

7.在我国境内提供各种劳务的收入,均应缴纳营业税。　　(　　)

8.娱乐业的税率一律由国家税务总局根据具体项目在一定幅度内确定,各个地方政府无权决定。　　(　　)

9.普通发票主要由营业税纳税人和增值税小规模纳税人使用,增值税一般纳税人在不能开具专用发票的情况下也可使用普通发票。　　(　　)

10.国库集中收付制度是指将所有财政性资金全部集中到国库单一账户,并规定所有的

支出必须由国库直接支付给商品或劳务供应者或用款单位,实行收支两条线管理。（　）

11. 在外国成立且实际管理机构不在中国境内的企业，不是企业所得税的纳税义务人。（　）

12. 国家需要重点扶持的高新技术企业,减按20%的税率征收企业所得税。（　）

13. 个人取得稿酬收入,其应纳税所得额可减按70%计算个人所得税。（　）

14. 张某取得一次性劳务报酬收入2.4万元,对此应实行加成征收办法计算个人所得税。（　）

15. 纳税人发生解散、破产、撤销及其他情形,依法终止纳税义务的,应当自工商行政管理机关办理注销之日起30日内,持有关证件向原税务登记管理机关申报办理注销税务登记。（　）

16. 任何单位和个人不得转借、转让、代开发票。（　）

17. 纳税人应当于恢复生产经营之后向税务机关提出复业登记申请。（　）

18. 起征点是指课税对象的数额没有达到规定起征点的不征税,达到或超过起征点的,就其全部数额征税。（　）

19. 在我国,征税主体的具体部门有税务部门、财政部门和海关。（　）

20. 从事生产、经营的纳税人、扣缴义务人有税法规定的税收违法行为,拒不接受税务机关处理的,税务机关可以收缴其发票或者停止向其发售发票。（　）

第四章 《财政法律制度》习题演练

一、单项选择题

1. 下列选项中,不属于我国国家预算体系的是(   )。
   A.中央预算
   B.省级(省、自治区、直辖市)预算
   C.县市级(县、自治县、不设区的市、市辖区)预算
   D.县级以上地方政府的派出机关预算

2. 下列关于预算体系组成的表述,错误的是(   )。
   A.地方预算由省、自治区、直辖市预算组成
   B.部门单位预算是指部门、单位的收支预算
   C.总预算包括本级预算和本级政府行政隶属的下一级政府的总预算
   D.预算组成不受限制,可随意编制

3. 根据我国的政权结构,可以把我国的预算分为(   )。
   A.6级   B.3级   C.4级   D.5级

4. 根据我国《预算法》的规定,不属于国务院财政部门预算职权的是(   )。
   A.具体编制中央预算、决算草案   B.具体组织中央和地方预算的执行
   C.审查和批准中央预算的调整方案   D.具体编制中央预算的调整方案

5. 按照分享程度划分,我国的预算收入(   )。
   A.仅包括中央预算收入
   B.仅包括中央预算收入和地方预算收入
   C.仅包括中央和地方共享收入
   D.包括中央预算收入、地方预算收入以及中央和地方预算共享收入

6. 我国国家预算收入的最主要部分是(   )。
   A.税收收入   B.依照规定应当上缴的国有资产收益   C.专项收入   D.其他收入

7. 根据我国《预算法》的规定,不属于全国人民代表大会常务委员会负责的是(   )。
   A.监督中央和地方预算的执行   B.审查和批准中央预算的调整方案
   C.审查和批准中央预决算   D.具体组织中央和地方预算的执行

8. 乡级政府编制的决策草案,由(   )审批。
   A.国务院   B.县级以上人民政府   C.本级人大   D.县级人大

9. 下列选项中,不属于政府采购当事人的是(   )。
   A.采购人   B.保证人   C.供应商   D.采购代理机构

10. 下列选项中,不属于我国政府采购主体的是(   )。
   A.国家机关   B.事业单位

C.从事公共社会活动的团体组织　　　　　　　D.国有企业

11. 政府采购要按照事先约定的条件和程序进行,对所有供应商一视同仁,任何单位和个人无权干预采购活动的正常开展,这体现了(　　　)。

A.公开透明原则　　B.公平竞争原则　　　　C.公正原则　　　D.诚实信用原则

12. 根据《政府采购法》的有关规定,招标后没有供应商投标或者没有合格标的或者重新招标未能成立的,其适用的政府采购方式是(　　　)。

A.询价方式　　　　B.邀请招标方式　　　C.公开招标方式　　D.竞争性谈判方式

13. 根据政府采购法律制度的规定,采用邀请招标方式的,采购人应当从符合相应资格条件的供应商中随机邀请(　　　)以上的供应商,并以投标邀请书的方式,邀请其参加投标。

A.3 家　　　　　　B.5 家　　　　　　C.10 家　　　　　D.15 家

14. 对本级各部门、各单位和下级政府的预算执行、决算实施审计监督的部门是(　　　)。

A.各级政府财政部门　　　　　　　　　　B.各级政府

C.各级政府审计部门　　　　　　　　　　D.上一级政府财政部门

15. 用于记录、核算和反映纳入预算管理的财政收入和支出的账户是(　　　)。

A.国库单一账户　　　　　　　　　　　B.财政部门零余额账户

C.预算外资金账户　　　　　　　　　　D.特设账户

16. 财政支出支付方式中,由财政部向中国人民银行和代理银行签发支付指令,代理银行根据支付指令通过国库单一账户体系将资金直接支付到收款人或用款单位账户的方式称为(　　　)。

A.财政直接支付　　B.财政授权支付　　　C.财政委托支付　　D.财政集中支付

17. 财政收入收缴方式中,由征收机关(有关法定单位)按有关法律法规规定,将所收的应缴收入汇总缴入国库单一账户或预算外资金财政专户的方式是(　　　)。

A.分次汇缴　　　　B.直接缴库　　　　C.集中汇缴　　　　D.汇总缴纳

二、多项选择题

1. 根据我国《预算法》的规定,不属于全国人民代表大会预算职权的是(　　　)。

A.批准中央预算和中央预算执行情况的报告

B.审查和批准中央预算的调整方案

C.监督中央和地方预算的执行

D.改变或者撤销全国人民代表大会常务委员会关于预算、决算的不适当的决议

2. 下列关于中央预算的表述中,正确的有(　　　)。

A.由中央各部门(含直属单位)的预算组成

B.中央预算包括地方向中央上解的收入数额

C.中央预算不包括中央对地方返还或者给予补助的数额

D.中央预算不包括企业和事业单位的预算

3. 下列属于全国人民代表大会的职权的有(　　　)。

A.批准中央预算执行情况的报告　　　　　B.审查中央预算草案

C.审查地方预算草案　　　　　　　　　　D.审查地方预算执行情况的报告

4. 我国《预算法》规定的预算支出形式包括(　　)。
   A.经济建设支出　　　　　　　B.教育、科学、文化、卫生、体育等事业发展支出
   C.国家管理费用支出　　　　　D.国防支出

5. 下列选项中,属于各级政府编制年度预算草案的依据有(　　)。
   A.法律法规
   B.国民经济和社会发展计划、财政中长期计划以及有关的财政经济政策
   C.本级政府的预算管理职权和财政管理体制确定的预算收支范围
   D.上一年度预算执行情况和本年度预算收支变化因素

6. 下列关于预算的审批,说法正确的有(　　)。
   A.中央预算由全国人民代表大会审查和批准
   B.地方各级政府预算由本级人民代表大会审查和批准
   C.中央预算和地方各级政府预算均由全国人民代表大会审查和批准
   D.中央预算和地方各级政府预算均由本级人民代表大会审查和批准

7. 下列有关各部门预算管理职权的表述中,不正确的是(　　)。
   A.编制本部门预算、决算草案
   B.组织和监督本部门预算的执行
   C.定期向上级政府财政部门报告预算的执行情况
   D.不定期向本级政府财政部门报告预算的执行情况

8. 下列选项中,可以作为政府采购当事人中采购人的有(　　)。
   A.中华人民共和国商务部　　　B.人民教育出版社
   C.中国红十字会　　　　　　　D.甲个人独资企业

9. 根据政府采购法律制度的规定,下列情形中,采购人可以采用竞争性谈判方式采购的
有(　　)。
   A.采用招标方式所需时间不能满足用户紧急需要的
   B.不能事先计算出价格总额的
   C.采用公开招标方式的费用占政府采购项目总价值的比例过大的
   D.技术复杂或者性质特殊,不能确定详细规格或者具体要求的

10. 根据《政府采购法》的规定,政府采购采用的方式包括(　　)等。
    A.公开招标　　　B.邀请招标　　　C.竞争性谈判　　　D.单一来源

11. 下列账户中,属于国库单一账户体系中包括(　　)。
    A.预算外资金专户　　B.特设专户　　C.国库单一账户　　D.财政部零余额账户

12. 财政授权支付程序适用于(　　)。
    A.单件物品或单项服务购买额不足 10 万元人民币的购买支出
    B.单件物品或单项服务购买额不足 50 万元人民币的购买支出
    C.年度财政投资不足 50 万元的工程采购支出
    D.特别紧急的支出

三、判断题

1. 我国实行一级政府一级预算。　　　　　　　　　　　　　（　）

2. 我国的预算分为中央预算和地方预算,而中央预算是由各地方预算组成的。（　）

3. 无论乡、民族乡、镇是否有设立预算条件,都一定要设立预算。（　）

4. 每一收支项目的数字指标必须运用科学的方法,依据充分确实的资料,并总结出规律性进行计算,不得假定、估算,更不能任意变造,体现了国家预算的完整性原则。（　）

5. 国务院财政部门编制中央决算草案,报国务院审定后,由国务院提请全国政协常委会审查和批准。（　）

6. 单一来源方式是指采购人向唯一供应商进行采购的方式。（　）

7. 邀请招标应作为政府采购的主要采购方式。（　）

8. 采购人不得将应当以公开招标方式采购的货物或服务化整为零来规避公开招标采购。（　）

9. 政府集中采购目录和采购限额标准由县级以上人民政府确定并公布。（　）

10. 预算外资金专户属于国库单一账户体系。（　）

第五章 《会计职业道德教育与修养》习题演练

一、单项选择题

1. 会计职业道德的调整对象是(　　)。
   A.调整会计职业关系　　　　　B.调整会计职业中的经济利益关系
   C.调整会计人员之间的关系　　D.调整活动之间的关系

2. 会计职业道德是指在会计职业活动中应当遵循的、体现(　　)特征的和调整会计职业关系的职业行为准则和规范。
   A.会计工作　　B.会计职业　　C.会计活动　　　　D.会计人员

3. 会计人员在工作中"懒"、"惰"、"拖"的不良习惯和作风,是会计人员违背会计职业道德规范中(　　)的具体体现。
   A.爱岗敬业　　B.诚实守信　　C.办事公道　　　　D.客观公正

4. 中国现代会计学之父潘序伦先生倡导:"信以立志,信以守身,信以处事,信以待人,毋忘'立信',当必有成。"这句话体现的会计职业道德内容是(　　)。
   A.坚持准则　　B.客观公正　　C.诚实守信　　　　D.廉洁自律

5. 某公司的会计人员于某大学毕业后被分配到单位财务部门从事出纳工作,随着时间的推移,于某慢慢对出纳工作产生了厌烦情绪,上班无精打采,工作中差错不断,业务考核在部门里位列倒数第一。单位要求会计人员提出"加强成本核算,提高经济效益"的合理化建议,他认为那是领导们的事情,与己无关。于某在甲公司的言行违背的会计职业道德规范中不包括(　　)。
   A.爱岗敬业　　B.提高技能　　C.参与管理　　D.诚实守信

6. 会计工作特点决定了(　　)是会计职业道德的前提,也是会计职业道德的内在要求。
   A.提高技能　　B.坚持准则　　C.客观公正　　　　D.廉洁自律

7. (　　)是做人的基本准则,是人们在古往今来的交往中产生的最根本的道德规范,也是会计职业道德的精髓。
   A.爱岗敬业　　B.诚实守信　　C.坚持准则　　　　D.奉献社会

8. "坚持好制度胜于做好事,制度大于天,人情薄如烟",这句话体现的会计职业道德内容要求是(　　)。
   A.参与管理　　B.提高技能　　C.坚持准则　　　　D.强化服务

9. 2010年11月,甲公司因产品销售不畅,新产品研发受阻。财务部预测企业本年度将发生1000万元亏损。刚刚上任的总经理孙某责成总会计师王某千方百计实现当年盈利目标,并说:"实在不行,可以对会计报表做一些会计技术处理。"王某很清楚公司本年度亏损已成定局,要落实厂长的盈利目标,只能在财务会计报告上做手脚。总会计师感到,如果不按厂长的意见去办,自己以后在公司不好立足,为此,王某以自己娴熟的财务技术与会计人员一同对公司账务进行了处理。下列有关王某的行为认定中,正确的是(　　)。

A.王某的行为违反了参与管理、强化服务的会计职业道德要求

B.王某的行为违反了坚持准则的会计职业道德要求

C.王某的行为违反了廉洁自律的会计职业道德要求

D.王某的行为是正确的,是会计人员执业时予以提倡的

10. 下列各项中,不属于会计职业道德教育内容的是(　　)。

　　A.警示教育　　　　　　B.专业理论教育　　C.观念教育　　D.规范教育

11. 会计人员违反职业道德,情节严重的,由(　　)吊销其会计从业资格证书。

　　A.工商行政管理部门　　B.人事管理部门　　C.财政部门　　D.会计行业组织

12. 下列各项中,作为会计职业道德教育的核心内容,并贯穿于会计职业道德教育始终的是(　　)。

　　A.会计职业道德观念教育　　　　　　B.会计职业道德规范教育

　　C.会计职业道德警示教育　　　　　　D.其他相关教育

13. 会计职业道德的最高境界是(　　)。

　　A.从自律走向他律　　　　　　B.从他律走向自律

　　C.他律与自律相辅相成　　　　D.他律

14. 对会计职业道德进行自律管理与约束的机构是(　　)。

　　A.财政部门　　　　　　B.会计职业组织　　C.工商行政管理部门　　D.其他组织

15. 下列各项关于会计职业道德和会计法律制度两者的区别的论述中,正确的是(　　)。

　　A.会计法律制度具有很强的他律性,会计职业道德具有很强的自律性

　　B.会计法律制度调整会计人员的外在行为,会计职业道德只调整会计人员的内心精神世界

　　C.会计法律制度有成文规定,会计职业道德无具体的表现形式

　　D.违反会计法律制度可能会受到法律制裁,违反会计职业道德只会受到道德谴责

二、多项选择题

1. 狭义的职业道德是指(　　)的职业行为准则和规范。

　　A.在一定职业活动中应遵循的　　　　B.体现一定职业特征的

　　C.符合一定职业要求的　　　　　　　D.调整一定职业关系的

2. 下列各项中,体现会计职业道德特征的有(　　)。

　　A.会计人员自身必须廉洁　　　　　　B.具有一定的强制性

　　C.具有一定的他律性　　　　　　　　D.较多关注公众利益

3. 会计职业道德与会计法律制度存在很大区别,下列表述错误的有(　　)。

　　A.会计职业道德不仅要求调整会计人员的外在行为,还要求调整会计人员内在的精神世界

　　B.会计职业道德主要依靠会计人员的自觉性

　　C.会计法律制度既有成文的规定,也有不成文的规范

　　D.会计职业道德侧重于调整会计人员的外在行为和结果的合法化

4. 会计法律制度与会计职业道德的区别,主要体现在(　　)。

    A.性质不同　　B.作用范围不同　　C.实现形式不同　　D.保障机制不同

5. 下列各项中,体现会计职业道德"爱岗敬业"的基本要求的有(　　)。

    A.工作一丝不苟　　B.热爱会计工作　　C.工作忠于职守　　D.工作精益求精

6. 下列各项中,属于会计职业道德中"客观公正"的基本要求的有(　　)。

    A.端正态度　　B.依法办事　　C.实事求是　　D.不偏不倚

7. 某公司的会计人员李某的丈夫是一家私有电子企业总经理,在其丈夫的多次请求下,李某将在工作中接触到的公司新产品研发计划及相关会计资料复印件提供给其丈夫,给公司造成了一定的损失,但尚未构成犯罪,李某违背了(　　)的会计职业道德。

    A.客观公正　　B.诚实守信　　C.廉洁自律　　D.强化服务

8. 某单位领导要求本单位出纳员石某将收到的下脚料销售款1万元另行存放不入账。石某没有按照该领导的要求执行,而是按规定作为零星收入入账,致使该领导很不高兴。财务科长王某知道后对石某进行了批评,他提出作为会计人员应该服从领导安排,领导让干啥就干啥。请问财务科长王某的做法违背了会计职业道德规范中的(　　)。

    A.客观公正　　B.坚持准则　　C.爱岗敬业　　D.强化服务

9. 张某为某单位的会计人员,平时工作努力,钻研业务,积极提供合理化建议,这体现了张某具有(　　)的职业道德。

    A.爱岗敬业　　B.客观公正　　C.提高技能　　D.参与管理

10. 会计职业道德的内容之一,就是要"坚持准则",这里的"准则"包括(　　)。

    A.会计法律　　B.会计法规　　C.会计制度　　D.会计准则

11. 会计职业道德规范中的"强化服务"对会计人员的要求有(　　)。

    A.强化服务意识　　　　　　　B.提高服务质量

    C.保持应有谨慎性　　　　　　D.具有勤学苦练的精神

12. 忠于职守、尽职尽责,要求会计人员忠实于(　　)。

    A.自己　　B.家人和亲戚朋友　　C.社会公众　　D.国家

13. 岗前职业道德教育包括(　　)。

    A.会计专业学历教育　　　　　B.形势教育

    C.法制教育　　　　　　　　　D.获取会计从业资格中的职业道德教育

14. 下列属于会计职业道德修养的方法的有(　　)。

    A.不断地进行"内省"　　　　　B.虚心向先进人物学习

    C.要互相监督、指导　　　　　　D.要提倡"慎独"精神

15. 财政部门对会计职业道德监督检查的途径有(　　)。

    A.会计法执法检查与会计职业道德检查相结合

    B.会计从业资格证书注册登记管理与会计职业道德检查相结合

    C.会计专业技术资格考评与会计职业道德检查相结合

    D.会计专业技术资格聘用与会计职业道德检查相结合

三、判断题

1. 会计职业道德与会计法律制度具有相同的调整对象,但目标不同。 ( )

2. 在会计工作中一定要提供上乘的服务质量,不管服务主体提出什么样的要求,会计人员都要尽量满足服务主体的需要。 ( )

3. 培养高尚的会计职业道德情感是会计职业道德修养的环节之一。 ( )

4. 会计人员陈某认为,会计工作只是记记账、算算账,其与单位经营决策关系不大,没有必要要求会计人员"参加管理"。陈某的观点是正确的。 ( )

5. 诚实守信是会计人员在职业活动中做到客观公正、坚持准则的基础,是参与管理的前提。 ( )

6. 坚持准则指的就是坚持会计准则。 ( )

7. 会计人员不钻研业务,不加强新知识的学习,造成工作上的差错,缺乏胜任工作的能力。这是一种既违反会计职业道德,又违反会计法律制度的行为。 ( )

8. 会计法律制度是促进会计职业道德规范形成和遵守的制度保障。 ( )

9. 对认真执行《中华人民共和国会计法》,忠于职守,坚持原则,作出显著成绩的会计人员,应给予精神的或者物质的奖励。 ( )

10. 会计人员违反会计职业道德,情节严重的,由工商部门吊销其会计从业资格证书。 ( )